新时代背景下高校教师队伍建设的探索与实践

蒙有华◎著

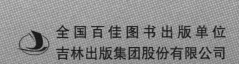

全国百佳图书出版单位
吉林出版集团股份有限公司

图书在版编目（CIP）数据

新时代背景下高校教师队伍建设的探索与实践/蒙
有华著. --长春:吉林出版集团股份有限公司,2022.9（2023.9重印）
ISBN 978-7-5731-2287-2

Ⅰ.①新…Ⅱ.①蒙…Ⅲ.①高等学校－教师－师资
队伍建设－研究Ⅳ.①G645.12

中国版本图书馆CIP数据核字(2022)第173207号

XIN SHIDAI BEIJING XIA GAOXIAO JIAOSHI DUIWU JIANSHE DE TANSUO YU SHIJIAN

新时代背景下高校教师队伍建设的探索与实践

著　　者：蒙有华
责任编辑：欧阳鹏
封面设计：筱　莫
开　　本：787mm×1092mm　1/16
字　　数：230千字
印　　张：11
版　　次：2022年9月第1版
印　　次：2023年9月第2次印刷

出　　版：吉林出版集团股份有限公司
发　　行：吉林出版集团外语教育有限公司
地　　址：长春市福祉大路5788号龙腾国际大厦B座7层
电　　话：总编办：0431-81629929
印　　刷：涿州汇美亿浓印刷有限公司

ISBN 978-7-5731-2287-2　定　　价：66.00元

前　言

　　当今社会是一个科技信息化、经济全球化、政治多极化和文化多元化的新时期。国家与国家之间、高校与高校之间、人与人之间的相互依赖程度越来越高，相互影响也越来越大，这是一个竞争日趋激烈的、充满机遇与挑战的时代，也是一个快节奏、高速发展的时代。在这种形势下，社会发展一切为了人，一切依靠人。一切都离不开对人潜能的挖掘，即对人的有效激励。

　　科学技术的迅猛发展愈加突出了高等教育的重要地位。目前，以信息技术、生物技术、新材料技术和新能源技术为代表的高新技术推动了人类社会从后工业经济时代迈进知识经济时代。随着以知识资源为依托的新经济时代的到来，高等教育已经广泛渗透到影响国家核心竞争力的各个领域，成为提高国家核心竞争力的重要手段，而一个国家的核心竞争力是由该国的经济实力、政治实力、科技创新实力、国防与军事实力、文化教育实力、资源储备实力以及民族凝聚力等多重因素所决定的，而这些因素的背后都与高等教育发展息息相关，与人才资源密切相连。高校教师队伍作为高校人力资源最重要的组成部分，其数量和质量决定着高校的活力和发展水平，它是培育高等教育核心竞争力和赢得持续性竞争优势的关键。建立科学的激励机制，充分发挥教师的才能，是高校人力资源管理的关键和核心。

　　教师队伍建设是办学治校的基础和关键。将实践经验总结成可以为高校选拔一流人才、为学生培育一流教师的理论依据，是本书的初衷，也是一名从事教师党建、教师发展工作的中共党员发自内心的愿望。基于此，本书从激励理论的相关内容入手，分析了目前我国高校教师队伍的建设，高校教师队伍建设激励机制存在的问题，并针对存在的问题提出了解决的对策，即建立一套完整的适合高校自身实际情况的激励机制，引导教师将自身的职业生涯规划与学校的长期发展紧密结合，提高学校的影响力和竞争力，从而促进高校的可持续发展。

　　本书可以为专业从事教育理论研究的相关人员提供参考，还能为从事实务工作的人员提供帮助。本书在编写过程中得到了大量专家与学者的帮助，在此一并表示感谢。由于时间仓促，专业水平有限，书中若存在不妥之处，敬请读者朋友批评指正。

目 录

第一章

新时代背景下高校师资队伍建设规划

第一节　高校师资队伍建设的内涵与意义

一、高校教师队伍建设规划的含义

（一）高校教师队伍建设规划的概念

高校教师队伍建设规划指的是以学校总体发展战略为指导，按照学科建设目标的要求，分析本校现有教师的素质，年龄与性别结构，学历与职称结构以及创新型学术团队等因素，预测高校发展环境的变化及教师供给与需求状况，制定相应的教师队伍规划，包括短期、中期以及长期规划。高校教师队伍建设规划是高校战略规划的一个子规划，它是高校战略规划的中心内容，是实现学校战略目标的重要保证，是保障学校可持续性发展的重要手段。

教师队伍建设规划的制定是运用一套分析技术来进行战略开发的过程，在这个过程中，要将一个目标或一组意图分解到各个步骤中，然后对各步骤予以细化，并详细阐述每一步骤预期产生的后果或结果。

（二）教师队伍建设规划概念的解析

不同高校的教师队伍建设规划有所不同，而且制定的相应措施也有所差异。但我们认为高校教师队伍建设规划概念主要包含以下几个因素。

第一，它是以高校发展战略作为教师队伍建设规划制定的指导思想，是高校战略规划的子规划项目，教师队伍建设规划要符合学校发展战略的需要。例如，南方科技大学以建设"扎根中国大地的世界一流研究型大学"为自己的发展目标，中央民族大学以建设具有鲜明特色的世界一流民族大学为办学目标，二者相比，战略定位与发展目标差异很大，因此在制定教师队伍建设规划的目标与举措方面，肯定是迥然不同的。因此，学校的发展战略决定了教师队伍建设规划的方向与思路。

第二，以学科建设目标为要求。学科是人才成长的摇篮、学术研究的基地、技术创新的发源地，是教学、科研的基础和载体，也是学校办学水平和特色的集中表现。任何一所学校都要考虑学科建设的资源约束和能力限制，无法追求学科门类的齐全与并进，而只能追求"优势学科"和"学科优势"，追求学科建设的特色。然而，对学科建设起支撑作用的是教师队伍建设，教师队伍的学术水平是学科发展水平的集中反映，没有一流的教师队伍，就不可能有一流的学科。因此，学科建设目标必然决定了高校教师队伍建设的要求与侧重点。

第三，高校教师队伍建设规划受到现实环境的制约。一方面，不同高校教师队伍的现状存在很大差别，如教师队伍结构、学术梯队的状况等；另一方面，高校的外部环境也是在不断变化的，比如教师资源的供给状况、不同高校的发展状况等。因此，进行高校教师队伍建设规划，必须科学分析和预测外部环境的变化，以做出相应的对策。总之，高校教师队伍建设规划的制定过程，就是要通过规划及其实施，使学校的资源和能力与不断变化的社会需求之间保持战略适应性。

二、高校教师队伍建设规划的重要意义

（一）国际、国内竞争日益激烈，要求高校必须做好教师队伍建设规划

随着中国加入 WTO，高校资源的市场化程度和高校之间的资源竞争会日趋激烈，要求高校必须做好学校发展战略规划，而高校教师队伍建设规划又是高校发展规划的核心建设内容，只有做好学科建设规划与教师队伍建设规划，才能提高高校的核心竞争力，才能在竞争日益激烈的环境中立于不败之地。首先，大学发展水平是办学质量与效益的竞争，大学需要准确地设计自己的发展目标，选择合适的发展方向，提高质量以同他人竞争。因此，高校自身发展迫切需要科学合理的规划来指引。其次，大学的发展，必须要获得政府和社会资本的投入，也需要制定能够尽可能满足各方需要的发展规划。最后，竞争的日益激烈要求高校认真制定发展规划，使自己在资源争夺战中立于不败之地。

（二）高校教师队伍建设的重要政策指导

教师队伍建设规划是要求制订详细的发展规划措施，并把每一个目标或一组意图分解到各个步骤中，然后对各步骤予以细化，将每一个目标详细阐述，并预期每一步骤可能产生的结果。教师队伍建设规划是教师队伍建设最重要的政策指

导依据。在教师队伍建设的过程中，必须按照规划的指引与要求，按步骤逐步实现既定的目标。而且，科学的教师队伍建设规划已充分预见了外部环境的可能性变化，并提出了相应的对策，也为教师队伍建设创造了条件，因此，即使外部环境有所调整，但只要严格按照规划的指引与要求，就一定能建设出一支符合高校需要的教师队伍。

（三）为教师职业生涯发展提供重要的参照

职业生涯规划是指个人发展与组织发展相结合，对决定一个人职业生涯的主客观因素进行分析、总结和测定，确定一个人的事业奋斗目标，并选择实现这一事业目标的职业，编制相应的工作、教育和培训的行动计划，对每一步骤的时间、顺序和方向做出合理的安排。引导教师职业生涯设计和再设计是学校的重要职责，促成教师根据自身特点建立清晰明确的职业发展目标与发展道路，提高工作的主动性、积极性和针对性，从而促进教师个人职业目标和组织目标的共同实现。教师队伍建设规划为教师职业生涯发展提供了明确的发展目标及导向，教师可以根据学校的教师队伍建设规划，分析自身利弊，为自己在高校教师生涯规划设计中做好明确的定位，对教学、研究和学习等方面进行统筹规划。

三、高校教师队伍建设规划的现状

当前，高校在制定教师队伍建设规划时还存在不少问题，导致规划的战略性、前瞻性以及可操作性都有待提高。

教师队伍建设规划制订中常见的问题主要有：第一，对战略规划考虑不够，制定的教师队伍建设规划不能很好地体现学校的总体战略和发展需要；第二，规划的科学性不够，使规划目标既难以衡量，也难以分解和落实；第三，规划实施和执行的力度不够，缺乏对规划实施的评估和监控；第四，规划的发展思路、目标、措施没有及时转化为宏观政策，导致规划的导向性不足；第五，规划制定过程中，由于教师队伍建设规划是由人事部门制定，其更多的是从本部门的立场与角度出发制定规划，没有广泛征求教师的意见，尤其是学科专家的意见，论证不够充分，相关部门对教师队伍建设规划制定的支持力度不够；第六，有些高校制定的教师队伍建设规划不能科学地预见未来发展变化的情况，未能体现前瞻性，有的又规定得过死，未能适当地留有余地；第七，对相关规划统筹考虑不够，专项规划各自为政，不能协调统一。

第二节　高校师资队伍建设的内容与程序

一、高校教师队伍建设规划程序

程序规范是内容科学的基本保证，通过履行规范的程序，提高规划的深度和水平，提高教师队伍建设规划的科学性与合理性。简单说来，教师队伍建设规划制订要经过如下程序：进行学校外部环境和内部情况的分析，包括机遇与挑战、优势与不足等，特别要进行与国内外著名大学的对比分析；进行顶层设计，提出规划纲要框架，组织专家和职能部门进行研讨，形成规划纲要；校领导讨论审定规划纲要；根据规划纲要的要求，完成规划（征求意见稿）；校领导讨论审定规划（征求意见稿）；广泛征求院系和教师意见，修改形成规划（讨论稿）；校领导讨论审定规划（讨论稿）；提交教代会讨论审定；由校务委员会（或办公会）批准；在全校公开，并采取多种形式进行广泛宣传和讲解。在规划制定和实施过程中，以下几点应引起特别注意。①

（一）民主参与

高校教师队伍建设规划编制必须注重民主参与。一是健全规划编制专家咨询制度，组织规划咨询、论证、评估等活动。二是采取多种形式保障教职员工和相关组织参与规划编制过程。在规划制定过程中，应充分听取专家、学者的意见，要特别重视和吸收基层专业教师的意见，全面了解不同群体的利益与诉求，以最大限度保证规划的科学性、合理性与可操作性。

（二）衔接

规划衔接是保障各级各类规划协调配合、形成合力的关键环节，各级各类规划要与相关的规划衔接，下一级规划要与上一级规划衔接，区域规划、专项规划要与总体规划衔接，相关规划之间要相互衔接，同级规划则需相互协调。高校教师队伍建设规划也应当与其他规划做好衔接工作，进行高校教师队伍建设规划的主要职能部门也应与相关单位做好沟通与衔接。比如说，高校教师队伍建设规划需要以学科建设规划目标为指导，要与校园建设规划紧密配合。在具体制定过程中，高校教师队伍建设规划应与研究生教育、本科教育等人才培养规划相结合，与科学研究、社会服务规划相衔

---

① 余绍黔. 服务外包校企合作对高校教师队伍建设的影响因素及对策研究［M］. 西安：西安交通大学出版社，2018.

接。只有这样，才能保证教师队伍建设规划的科学性与前瞻性，才能保证学校发展战略的整体性。

（三）论证

论证主要是指专家论证，是高校教师队伍建设规划中最重要的环节之一。要尊重教授治学的权力，充分发挥学术委员会、教学指导委员会、规划委员会等组织的作用，让其积极参与到教师队伍建设的规划当中来，充分听取其意见和建议——只有专家学者才能更准确地把握学科发展的前瞻性，只有学科带头人才能更深刻地认识到教师队伍存在的不足及其发展方向。只有这样，才能为下一步教师队伍建设规划提出更科学、合理的建议，才能使教师队伍建设规划起到更重要的政策指导作用。

（四）评估

规划评估是保障规划有效实施的必要环节。要改变"规划编制时轰轰烈烈，编制完成后高高挂起"的状况，必须加强对规划实施的检查监督，必须对规划实施过程开展评估。根据以往的经验，规划实施中暴露出的一些问题，有些可能是实施不力造成的，有些可能是因为规划编制得不符合实际造成的。通过规划评估，可以更好地认识到问题，以便及时采取措施予以调整。此外，实施规划是一个动态的过程，环境的细微变化都会导致规划的不断调整，通过评估，可以及时了解变化，调整相关内容，提出更有针对性的措施和建议，以充分保障规划总体目标的实现。总的来说，评估应该包含五个方面的内容：第一，明确评估的时间，是年度评估、五年评估还是十年评估；第二，评估的内容，包括发展目标、主要任务和关键指标完成和未完成的情况、采取的政策措施、存在的主要问题、主要原因分析等方面的内容；第三，评估的方法，成立由学校领导、职能部处、教师代表以及相关专家组成的专门领导小组进行评估；第四，评估的程序，是采取自上而下还是自下而上，或是二者相结合的办法等；最后，评估的效力，通过诊断性评估，及时发现存在的问题，进行偏差分析，找到解决问题的措施等。

着手制订发展规划前，必须有一个明确的指导方针或指导思想以及体现的原则。高校教师队伍建设规划的指导思想是制订和实施规划的根本准则。正确的指导思想，要能够充分反映国家、地方和学校自身的利益与要求，要能够与国家和地方的教育发展指导思想相吻合。

二、高校教师队伍建设规划内容

高校教师队伍建设规划编制工作的主要内容有：总结和分析前一个时期（通常为5年）教师队伍建设规划的实施情况、取得的经验与存在的问题；分析未来一个时期

（通常为 5 年）面临的形势，对教师队伍建设的现状、发展趋势、需求与供给进行分析、预测和判断；规划未来一个时期（通常为 5 年）教师队伍建设的发展战略、方针、目标、任务、重大项目及保障措施，并且制定实施计划和步骤，将每一个目标分解到实施步骤当中。制订教师队伍建设规划是为实现学校的战略规划服务，需要与战略规划进行有机结合。

高校教师队伍建设规划是指导自身行动的纲领，一份完整的高校教师队伍建设规划应该包括以下三部分内容：教师队伍现状分析，指导思想与发展目标，工作重点和相关政策措施。

（一）教师队伍现状分析

现状分析要求对自身所具有的基础进行全方位梳理，明确在同行中所处的位置，也就是说找准坐标，只有找准坐标，才能进一步设计未来的努力方向和发展水平。现状分析主要包括以下内容。

第一，教师的数量。教师数量是否充足，是否达到保证教学质量的基本要求。目前主要评价指标是生师比，按照教育部《普通高等学校本科教学工作水平评估指标》的规定，优秀指标为 16:1，合格指标为 18:1。但在教师队伍建设规划当中，不仅需要整体规划全校的教师数量，还必须考虑各学院、各学科的教师数量是否达标。最后，在规划教师数量时还必须综合考虑办学成本，根据自身的情况及发展的需要合理确定。

第二，教师队伍的结构。主要包括分析教师的学历结构、职称结构、年龄结构、专业结构以及学缘结构等因素，考虑这些结构是否合理，是否具备可持续性发展的特征以及这些结构发展的合理趋势是什么等。对此的分析应从两个层面进行：学校整体教师队伍是什么状况；不同学科教师队伍状况如何，如重点学科和优势学科教师队伍的状况如何。

第三，教师的素质，实际是教师队伍的潜结构分析。教师队伍的整体素质如何，创新精神与水平如何，创造能力如何，心理素质如何，教学科研等能力如何，人文素质如何，思想政治素质如何等，这些都是教师队伍潜结构应充分考虑和分析的因素。

第四，高层次人才队伍与创新团队。现有教师队伍中，一流学科带头人和大师级学者的状况怎么样，有没有优秀的创新团队，数量有多少，创新团队的学科分布状况如何等。

只有充分分析了现有教师队伍的状况，才能为下一步的规划提供更好的指导依据，才能更好地制定教师队伍发展规划。

（二）教师队伍建设规划的指导思想与发展目标

指导思想主要分为两个层次：其一是国家或省市对教师队伍建设的指导思想；其二是学校发展战略和教师队伍在某一时段的发展方向和程度、性质和类型。比如，类型有教学型、教学研究型、研究教学型或研究型，或者说定位为国际一流、国内一流或西部一流等，或者是所述二者的结合等。总的说来，高校教师队伍建设规划应坚持科学发展观和"人才立校"的发展战略，以学校发展战略和学科建设目标为要求，从学校的实际和办学特色出发，以建设高水平的学科带头人和学术骨干队伍、培养高素质的教师为重点，以引进、培养一流学科带头人和国内著名学者为突破口，坚持人才引进与人才培养相结合的原则，坚持教师队伍建设适度超前发展的原则，积极创新教师队伍建设，努力打造一支充满活力、结构优良、师德高尚、乐于奉献、学术水平较高、富有创新能力、能满足学校教育事业快速发展需要的高素质的教师队伍。

发展目标是教师队伍建设规划的主体部分，即学校选择要重点发展的若干项目及领域。一般而言，教师队伍建设发展规划目标主要包括教师数量、教师队伍结构、高层次人才数量等，从二级指标来看，又有教师总体数量以及占教职工队伍的比例，专职教师与兼职教师的比例，教师的年龄结构比例，职称结构比例（高级职称占多少），学缘结构比例（外校毕业生占多少，重点大学高校毕业生占多少），学历结构比例（博士学位比例占多少），院士和学科带头人数量等。当然，由于高校之间的差异，不可能用一套很完备的指标体系来评价所有学校，不同学校应结合自身的实际，适当参考同类型或同层次高校的规划个案。

（三）教师队伍建设规划的工作重点和政策措施

为了更好地实现学校的发展战略，更好地围绕高校学科建设，更好地实现学校教师队伍建设的重要目标，规划必须突出工作重点并制定相关政策措施。一般来说，教师队伍建设规划的工作重点和政策措施是大不相同的，但也有一定的共性，主要包括以下几个方面。

第一，深化人事制度改革，营造人尽其才的环境和机制。完善教师聘任制度，全面推行岗位聘用制，建立健全"公开招聘，竞争上岗，择优聘任，合同管理"的用人机制；完善分配激励机制，建立以岗定薪、岗变薪变、向高层次人才和重点岗位倾斜的收入分配机制；建立科学合理的教师考核与评价体系；加强建立物质激励和荣誉激励，努力形成激励优秀人才充分发挥作用的良好氛围。

第二，要有经费保障。确保为教师队伍建设做好资金来源保障。比如，可以积极申请政府主管部门拨款，或自己筹措资金，或利用社会捐赠，或通过银行贷款等渠道。当然，这都需要根据学校总体规划，从教师队伍建设规划的要求与实际情况出发，制定具体经费保障措施。

第三，具体政策的制定是与高校的实际情况紧密结合的。不同高校可根据教师队伍的建设目标采取特定的鼓励政策。例如，某高校教师队伍具有博士学位的教师比例过低，其就可以制定更好的优惠政策以吸引博士来校工作，同时还可制定鼓励本校教师积极攻读博士学位的相关政策。

第三节　高校师资队伍建设的原则与方法

一、高校教师队伍建设规划原则

为了能更好地制定高校教师队伍建设规划，我们认为必须遵循以下几个原则。

（一）服务学校战略原则

要树立学校规划的观念，摒弃部门规划的观念，从学校整体发展需要出发编制规划，而不是从部门工作需要出发编制规划。在具体的制定过程中，要以学校发展战略为指导，以学科建设目标为要求，深刻分析教师队伍的现状，制定教师队伍建设规划。学校发展战略决定了学科建设目标，而学科建设目标的实现离不开教师队伍的支撑，教师队伍建设规划紧紧围绕着学科建设目标。教师队伍建设规划既服从于学校发展战略，又影响着学校发展战略规划。

（二）以人为本原则

科学发展观作为中国社会发展的战略指导思想，同样反映了高校发展的本质、目的和规律，"以人为本"思想就是科学发展观的本质和核心。坚持以人为本，在高校管理中就是要坚持以教师为本的发展观，制定教师队伍发展规划就要以"以人为本"思想作为指导。具体来说，在制定教师队伍建设规划当中，必须树立全新的教师队伍建设观念，树立可持续发展的战略思想，着力规划和提高教师队伍整体素质，推进制度创新和法制建设，营造积极健康向上的高校文化和学术氛围。此外，还必须充分发挥教师的主人翁精神，让教师尤其是相关专家积极参与到教师队伍规划建设当中来，多听取他们的呼声与建议，以更好地融合教师自身的元素。最后，制定教师队伍建设规划，还要充分考虑教师的全面发展，为教师的提升创造良好的条件和平台。

（三）可持续发展原则

可持续发展，就是要促进人与自然的和谐，实现经济发展和人口、资源、环境相协调，坚持走生产发展、生活富裕、生态良好的文明发展道路，保证一代接一代地永续发展。高校教师队伍的可持续发展要求教师队伍具有合理的职务结构、较高的学历结构、多元的学缘结构、均衡的年龄结构、协调的专业结构、合理的学术梯队以及富有创新精神和创造力的学术团队，以不断推动学校的发展。在高校教师队伍建设规划中，坚持可持续发展原则，要求明确高校教师队伍建设发展的战略目标和工作重点，推进制度创新和实施人才强校战略；进一步构建完善优秀人才可持续发展的培养和支持体系，加大"高层次创造性人才计划"的实施力度，着眼于高层次人才和高水平创新团队总量增长与整体素质提高；加强中青年骨干教师能力建设，加大培养和支持力度，大力推进高校高层次人才队伍建设；深入开展学校人才制度和政策创新研究，进一步完善学校人才评价机制、竞争机制、激励机制和组织机制，开展学校人才队伍建设课题研究工作；改进和加强师德建设工作，加强制度建设，加大对高校优秀教师先进事迹的表彰宣传力度，全面提升高校教师的师德水平。

（四）程序规范原则

程序规范是内容科学的基本保证。通过履行规范的程序，提高规划的深度和水平，切实发挥规划应有的作用。规划编制程序，包括前期工作、立项、起草、衔接、论证、批准、公布、评估、修订和废止等环节。高校教师队伍建设规划也必须按照程序规范的原则制定，尤其是程序当中的论证与评估这两项工作，是确保教师队伍建设规划科学合理的重要保证。

（五）前瞻性和可操作性原则

教师队伍建设规划要体现前瞻性和可操作性原则。教师队伍建设规划是要面向未来的，要表明未来时段的事业发展状态，因此要有超前意识和预见性，要对未来的状况做出适当的预测；规划要从实际出发，但不是实际的拷贝，不能过于迁就实际，而是要在实际的基础上提出发展的要求，创造发展的条件，制定发展的措施，这就是前瞻性原则。所谓可操作性，就是规划要能够在现有的或可能的条件下付诸实施，而且需要将目标分解到每一个步骤当中。不能盲目追求高目标，结果造成可操作性不强，使教师队伍建设规划成为空想。为此，教师队伍建设规划必须要有相应的指标体系，有可以获得和测量的可比性数据，要有具体的、可以实施的对策与措施。

二、高校教师队伍建设规划模式与方法

高校教师队伍建设规划有合理性模式、互动性模式两种，不同的规划模式有不同的规划方法。

（一）合理性模式

合理性模式把教师队伍建设规划过程看成一系列渐次进行的程序：决策者或规划者试图认清重大的问题，急迫地需要并确定解决这些问题或满足这些需要的总目

标——将总目标转化为各项具体目标——指出各种达到具体目标的行动步骤，说明每个行动步骤的代价和利益——选择最优的行动步骤——综合各种择定的行动步骤并组成一个规划——将规划分解为各种可操作的项目——根据总目标来执行和评价每个项目。比如说，在教师数量上的规划，可以根据学校学生人数的变化趋势，合理确定未来一段时间需要补充与引进的教师总数，按每年逐步应实现的目标，确定不同的学科每年应补充的教师人数等。此外，在形成合理的教师学历结构比例时也是如此。

合理性模式首先认定人们对教育规划的目标会有合理的、统一的认识，认定其具备将目标转化为行动步骤的技术或手段。其主要要求制定合理可行的评价指标，将指标根据一定的方式进行分解，并将其转化到每一个实施的步骤过程当中。近年来，管理学、统计学、信息论、决策论、计算机辅助编程技术的发展加强了合理性模式的应用地位，使合理性模式在现实的操作过程中显得更为有效。

（二）互动性模式

互动性模式认为教师队伍建设规划制定过程不是一种按部就班的、有条不紊的、逻辑上互相联系的一系列程序，而是一种个人或利益集团之间主张意见的冲突、交流、协商、妥协以及再冲突、交流、协商、妥协的连续动态过程。规划是在不确定的未来和不完全了解现在的背景下调解人的认识和行动的一种尝试，而不是一种确定无疑的解决问题的方案。该模式主张者认为，教师队伍建设规划不可能有一致的合理性目标并按照预定的途径来实现目标，也不可能有完全符合未来需求的规划。他们认为，教师队伍建设规划是一种利益的相互协调，是各方博弈的综合结果。比如说，某学校在规划学科带头人数量与学科分布的规划上，不同的学科都会为本学科尽量争取更多的指标，而最后形成的规划是各方利益平衡的一种结果。需要注意的是，规划中所依赖的完整的信息和准确无误的知识等条件都是难以实现的，这就决定了规划不仅是结果，还是一个过程；规划是创造性地适应自然与社会的过程，而不是实现规划者的理念；高校教师队伍建设既要站在学校的立场，也要站在教师的立场；既要听取资深教师的呼声，也要听取中青年教师的呼声。教师队伍建设规划是在追求一种博弈论中设想的平衡点，以使各方利益能达到某种安全水平，形成某种安全格局。[①]

近年来，社会学、人类学、综合管理学、政治学的研究成果有力地支持了互动性模式。在互动性模式中，决策者的角色是协商者、共识构建者、人际关系专家、宽容的调停者。互动性模式看重对现实做出因人而异的解释，强调人际信息交流的意义，突出个人、制度与其环境相互影响的动态性质，因此在制定教师队伍建设规划中更愿意选用便于了解人们内心世界或考虑人们想法的方法，如参与观察法、情景分析法、社会需要法等。

---

① 罗艳. 激励机制在高校教师队伍建设中的作用研究［M］. 西安：西安交通大学出版社，2018.

（三）SWOT 分析

"SWOT 分析"是一种比较成熟的规划方法。"SWOT"是优势（Strength）、劣势（Weakness）、机会（Opportunity）和威胁（Threats）四个单词的缩写。在高校教师队伍建设规划中，"SWOT 分析"实际上是对高校教师队伍建设内外部条件各方面内容进行归纳和概括，进而分析高校教师队伍建设的优劣势、所面临机会和威胁的一种方法。其中，优劣势的分析主要着眼于自身的实力及其与竞争对手的比较，而机会和威胁分析将注意力放在外部环境变化的可能影响上面。高等学校在维持竞争优势的过程中，必须认识自身的资源和能力，采取适当的措施，做好"SWOT 分析"。

陈至立在谈到高校高层次人才队伍建设时也明确指出："高校要树立科学的发展观和人才观，坚持以人为本，把人才问题始终作为高校改革和发展的大事来抓，科学制定学校发展战略规划和人才队伍建设规划，大力推进人才强校战略的实施。"

高校教师队伍建设规划要坚持正确的发展观，一切要从学校的实际出发，突出自己的办学特色和优势。因此，在规划理念上，要突出以人为本，促进学校各项事业全面、协调和可持续发展；在发展目标上，要充分反映学校发展战略的要求；在规划内容上，既要突出重点，又要统筹协调。

第二章

新时代背景下高校教师的自我储备

第一节　高校教师专业发展的自我认同

一、教师专业发展中的自我认知

（一）教师对职业的认同度

随着对教师专业发展关注的日渐深入，教育学者在寻求影响教师专业发展的相关因素时，提出了"教师职业认同度"的视角。职业认同与教师的职业生活状态有关，如是否被关注、被尊重、被认同、被需要、被爱等，教师是否表现出归属感与进取心。诚然，职业认同度会在一定程度上影响教师的专业发展意愿与动机，但这种认同的影响在入职初期与职业发展期应该有所区分。

1. 入职初期

师范院校毕业的初任教师，职业认同度总体比较高，适应也比较快。近几年，由于非师范专业毕业生的大量进入，虽然其在职业选择上有诸多原因，既有对教育职业的热爱，也有迫于择业的"高压"，但对这部分教师职业认同的引导是很有必要的。所以，在入职初期，教师能够明确自身对职业的认同度，将对教师今后的职业生涯产生深远的影响。

2. 职业发展期

处于职业发展期的教师，其专业发展也处于上升期。职业认同度的高低将直接影响其在专业发展领域的选择：是被动适应还是主动提升。随着日复一日的工作，以及日新月异的教学改革，部分教师难免对教学工作产生了倦怠，这也是非常普遍的现象。因此，通过相关活动的培训与开展，为教师提供实现自我价值的机会，引导教师对自身职业的认同，有利于教师专业的可持续发展。

我们希望教师的职业认同能够按照"感受→接受（积极参与）→享受"的路径来体验和感悟。因此，需要加强对教师职业认同的引导，并使教师明确自身的专业发展基点与需求。

（二）教师专业发展的关注维度

国外有关教师专业发展阶段的研究有很多，其划分角度包括任职时间、教学关注、职业周期等。但是国内教师个体对自身专业发展的认识及关注维度尚不明确。从调研数据来看，大部分教师对自身发展阶段的定位及所具备的特点是偏低于实际情况的。因此，以下提出了教师专业发展及教育教学认知的三个参考维度。

1. 教学智慧

在日常的教学实践中，对教师教育教学的评价，往往是参照两个方面。一是对常规教学的设计与实施的判断；二是对"非预约事件"的处理情况，二者更能体现教师的智慧。所以，教师对自身教学情况的认知，也要基于上述两个方面展开。常规教学展示的是教学基本功，包括教学环节的设计、教学情境的创设、教学知识的巩固与拓展等。经过一段时间的实践历练后，要使教师之间没有明显差异。而要准确、及时应对课堂教学的生成点，则是需要一定的积淀和智慧的。教师应该在这两个方面对自身的优劣有明确的认知。

2. 管理沟通

教师面对的是未成年的学生，与学生的交流、沟通是需要技巧的。面对不同的学生个体，既要保护学生积极向上的学习热情，又要适时提醒注意的事项。所以，除了学科知识的教学以外，教育学、心理学、管理学方面的知识也是需要作为基本的理论进行学习。比如，一位教师教学水平很高，但是在管理上可能不尽如人意，那就需要补足这方面的知识了。

3. 经验提升

教师专业发展、经验的积累与年龄的增长呈显著正相关的趋势。当具备了一定的教育教学经验后，如何将这些经验提炼、优化、系统化，对基础教育阶段的教师来说是有一定难度的。因此，对教师而言，如果能够对自身的专业（特色）发展情况有清晰的认知，那就可以借助外力进行完善并加以提升。与经验提升相关的参考维度及文本表达中，参与调研的教师普遍认为，学术论文的撰写是目前最难突破的瓶颈。一方面，教师疲于应付日常的教育教学工作，虽有零星的反思，但难成体系；另一方面，教师没有接受理论的、系统的写作范式的培训，导致"写作"成了教师专业发展的"拦路虎"。虽然教师在这一点上都有了明确的认知，但就如何有效提升则尚无良策。笔者认为，不妨让教师从做"有心人"开始。阅读、思考、写作是一个统一的循环体，阅读是发现问题、反思实践的基础，思考是对问题的梳理与整合，文本写作是与自己、与他人对话的载体。从"积累"到"成果"，是需要不断学习、反思、改进的。

（三）教师职业生涯规划及达成

"教而优则仕"在教育领域也是非常普遍的现象。但校内"行政"岗位的数量是有限的，大多数教师都是在普通的工作岗位上默默地奉献着。而职业生涯教育在大学阶段是缺失的，从初任教师的无力规划到有经验教师的无序规划，都将教师个体的自我认知排除在外了。因此，职业生涯教育理应成为在职教师的"必修课"，促进教师个体对自我职业发展的规划及提升。

诚然，不论处于哪个发展阶段的教师，都会面临着专业发展的困惑，比如如何提高教学质量，如何实现良性的家校互动、如何将现代信息技术与教学进行有效整合等。因此，教师要明确自己的发展需求及达成路径，参与一定层面理论知识的学习，以及基于实践推进的考量。以下两个维度可以作为教师基于职业规划达成路径的参考。

1. 自学

随着现代信息通信技术的飞速发展，教师了解信息的路径越来越宽泛，各类专业性网站、免费课程等，将成为教师自主学习的首要选择。学习内容的取舍、学习时间的掌控、学习地点的选择等，都可以由教师自主决定。因此，教师可以随时随地"查漏补缺"，消除个体知识的"空白处"。但基于网络的自学应时性较强，是面上的普及，系统性有所欠缺。

2. 职后培训

在职教师的职后培训是教师的一项"福利"。从"国培""市享""区修"到"校本"，包括师德、通识、专业到技术，层层的课程是为满足教师的专业发展而设计的。既然课程的提供有一定的区分度，那么就应关注教师个体的课程选择及执行能力，这有利于教师发现自身的不足并有针对性地进行补足。另外，调研发现，几乎没有教师会自费参加社会性的相关教育培训活动。一方面，教师认为各级各类的职后培训基本上可以满足个体当前的专业发展需求；另一方面，与教师的职业倦怠、缺乏职业理想及规划是有密切关系的。

（四）教师专业发展从"我"开始

教师的专业发展是一项非常复杂的系统工程，因为教师面对的是特殊的学生群体，在教学、沟通、管理等方面都需要一定的技巧。所以，要胜任教师工作，需要教师有一双能够"发现自我、认识自我"的慧眼，能够在基于自我认知的基础上提升自我。

目前已有研究通过"教学诊断"对教师的教学流程进行了判断，并分析了优势与不足。但是根据课堂表现所做的评析，仅仅是对表面现象的阐释，"专家"的改进建议是"非我"意志的转移。要解决教学设计背后的理念问题，则是需要深层次的探究，需要教师从对自己的教育教学行为的认知开始，包括对教师职业的认同度、教师专业发展的多维度关注、职业生涯规划及达成等方面。只有明确了这些教师"本我"的意愿，教师的专业发展才有突破瓶颈、跨越高原、实现飞跃的可能。另外，专业发展本是教师自己的"事情"，但只有个体发展了，教师群体的水平才能提升。所以，应在尊重教师个体发展意愿的基础上，提供多元化的专业发展参照路径。同时，积极引导教师能够在各自原有的专业发展基础上有明确的自我认知、特色提炼、专业提升。

二、教师专业发展中的自我认同

（一）教师专业发展中自我认同的多层面透视

教师专业发展中的自我认同是教师依据个人专业经历所形成的作为反思性理解的自我，主要集中于教师专业发展的主体性研究，强调教师对专业发展内涵的合理辨识与主动建构，强调对教师专业价值、身份与角色等的合理辨识与主动建构，强调对教师专业经历与专业经验进行深度叙述与反思性理解。教师的专业发展归根到底是自我实现的价值追求，它不能回避外部的身份规约与角色期待，教师需要对其专业价值、身份与角色等进行合理辨识与主动建构。因而，我们需要在认同与自我认同理论的关照下，审视教师专业发展中自我认同的内涵。在合理辨识与主动建构的过程中，深入探讨教师专业发展中专业价值、身份与角色的自我认同，关注自我的同一性与差异性。教师专业发展中的自我认同也需要关注自我的整体性与碎片性，一方面重视对其专业价值、身份与角色等方面的合理辨识与主动建构，另一面也要重视回归教师的生活世界，注重教师自我的碎片性，注重教师专业发展的情境性。教师的自我认同还需要关注专业发展的连续性与阶段性，重视教师自我认同的分类特征与阶段性特征。"自我更新"取向的教师专业发展阶段理论，以及职业锚的相关理论，为教师专业发展中的自我认同研究，提供了有益的借鉴与思考。

1. 教师专业发展中的自我认同

教师专业发展中的自我认同是一种内在性认同，是教师依据个人专业经历所形成的作为反思性理解的自我，主要集体中于教师主体性的研究，强调对教师自身的专业价值、身份与角色等方面的反思性理解，强调对教师专业经历与专业经验进行深度叙述与反思性理解。教师专业发展中的自我认同是教师个体一种内在化的过程，也是教师自我辨识的过程，其目的在于确立教师自己的"身份"，找到自己的"归属"，从而达到对"我是谁"的确认。教师专业发展中的自我认同也是一种结果，它同样指向于教师个体意义感、身份感与归属感的获得，指向于教师对其专业价值、专业身份与角色的一种确认。作为一种过程与结果的自我认同，直接影响着教师的自我意义感、身份感、归属感等情意领域，也直接影响着教师反思性的发展路径。

首先，教师专业发展中的自我认同是一个主体性的问题，它是教师主体性发展的内在轨迹，是教师对"我是谁"的终极追问与确认，是教师对其内部深度存在的一种自我意识，它比较关注历史的向度，其核心是形成教师的自我意义感、身份感和归属感等。因此，我们需要重视教师专业发展中价值、身份与角色等层面的自我认同，进而在谋求合理认同的过程中促进教师自我的生成，促进教师个体的持续性专业发展。其次，教师专业发展中的自我认同是一种反思性的成就，它并非教师个体的潜在特质，而是通过对其专业经历进行反思而生成的。教师对自我的反思性理解脱离不了日常工作生活的影响，教师专业发展中的自我认同要涉及对日常专业生活世界的肯定，在片断性的专业实践中，教师通过叙事与反思，实现自我的确认。自我认同所注重的叙事与反思等特性，蕴含了教师专业发展的实现路径。最后，教师专业发展中的自我认同不仅具有内在的反思性，既体现了外在社会性因素的影响，又体现了教师个体专业发展的动力品质。教师专业发展中的自我认同与认同危机，都涉及教师的羞耻感、自豪感、焦虑、倦怠与压力等，这些因素都影响和制约着教师的教学热情与专业发展动力。最后，教师专业发展中的自我认同涉及教师个体的内在道德根源——"我是谁"的终极关怀，也是对教师德行的一种确认，它体现了教师专业发展的终极目标。

总之，教师专业发展中的自我认同表明的不仅是个体依据自己的专业经历所反思性地理解到的自我，它还是在一个内在参照系统中由教师个体围绕理想自我，发挥自己的能动性，利用自己周围的资源去建构自我的过程。

2. 教师专业发展中价值、身份与角色的自我认同

教师专业发展中的自我认同就是教师对其专业发展内涵的一种合理辨识与主动建构，而教师的专业发展内涵则需要强调对其专业价值、身份与角色的合理辨识与主动建构。教师专业价值、身份与角色的自我认同与合理认同，深切地影响着教师的主体性问题、动力问题、目标问题以及实现路径问题。

（1）教师专业价值的自我认同

认同问题归根到底是一个价值问题，认同问题的提出源自于作为社会主体的个人对于自身生存状况及生命意义的深层次追问。对于教师的专业价值而言，它最为普遍的一种分法是分为社会价值和主体价值两个基本方面。教师的社会价值是指对于社会、对于服务对象等的外在价值，包括：政治价值、经济价值、文化价值等；教师的主体价值是指对于教师自身的意义与内在价值，包括：实用价值、精神价值和生命价值等。社会和学校更多地重视教师的社会价值，会在不同程度上忽视教师的主体价值。根据萨帕的职业价值分类，可将教师的价值分为：1. 教师内在专业价值，是指与教师专业本身有关的一些因素，如"教书育人"的创造性、独立性等；2. 教师外在专业价值，是指与教师专业本身性质无关的一些因素，如工作环境、同事关系、领导关系及职业变动性等；3. 教师专业的外在报酬，包括教师职业的安全性、声誉、经济报酬和职业所带来生活方式等。教师专业的内在价值直接指向于教师理想的工作状态，而外在专业价值则指向于一般意义上的教师工作状态。根据施恩的职业价值分类，可将教师专业分为：教师的外专业价值和内专业价值。教师外专业所蕴含的价值较易为人认识，主要体现在教师的地位与专业吸引力，旁观者对于教师的理解可能更多地停留于外专业的层面。相对而言，教师内专业蕴含的价值则难于认识和体验，往往表现在专业情感的积极体验和专业意志的有效提升。[①]

从社会与学校的角度会更多地关注于教师的社会价值、外在价值，这是一种社会本位的价值取向。教师专业发展中的自我认同则不仅关注教师的社会价值、外在价值，诸如经济报酬、职业声望与安全、工作环境、领导与同事关系等，也会关注教师内在的生命价值与发展价值，诸如理想工作状态的追求，内在的创造性与独立性等。应该说，我们认为教师作为个人和职业者，他们的生活和工作是会受到教室和学校内外因素和条件的深刻影响的。外部与教师应共同关注教师价值的全部内涵，这样的交互与协商才会迸发出巨大的发展动力。但国内外不少研究发现，公众对于教师职业普遍缺乏正确的认识，学生、家长、管理者和社会都没有把教师当作专业人员来给予他们必要的尊重。在现实的外部空间中，社会、政府、公众、学校等缺乏对教师价值的全面体认，这不仅影响着教师专业价值的实现，也影响着整个教师队伍的生存状态。

教师首先是一名工作者，而后是被赋予了诸多身份与角色的专业人员。社会与学校不仅要关注教师社会价值层面的东西，更要关注教师主体生命价值的实现。只有在良好的外部空间中，教师这个职业或专业才会更具吸引力，教师的专业发展才能获得更大的动力支持。对于教师专业发展中的自我认同而言，我们在不满或抱怨主体生命价值未被充分认同的同时，也要清醒地认识到，真正的专业自我并不在于教师的外在社会价值，而是潜藏在教师的教学生活和专业实践之中，在教学中能够感受到快乐的教师才能更好地找寻与确认"我是谁"，才能更好地实现自身的专业发展。

（2）教师专业身份的自我认同

教师专业知识与能力的内涵与标准以及相应的专业自主，往往是由学术界与教育行政部门予以界定的，教师是"被要求"符合一套既定的专业标准。于是在教育改革中，教师对于自己身为教师的意义、价值与行动等的界定，对自己身份的认同，都是

① 韩晓强. 高校思想政治理论课青年教师队伍建设的思考与对策研究［M］. 长春：吉林教育出版社，2018.

不被关心的。然而，专业身份的认同是决定教师应做些什么的最基本的一部分，教师的身份认同是教师工作动力的来源。所以教师专业发展所关心的不能仅停留在有关"专业"的描述与规约性意义上，还应关注"教师的专业身份"，在专业发展中重视教师身份的自我认同问题。

身份是流动的，也是变化的，不是一个可以自我决定的概念，需要自我和他者之间的交互与协商。对于教师的"专业身份"需要从两个方面去把握：一方面，任何一种社会身份都具有独特的功能和价值，这种功能和价值在社会互动过程中通过对自身角色的期待，实现对自身身份和利益的定位。另一方面，身份必须由互动所产生的结构建构起来，单方面的努力是不可能实现建构的，它必须依赖自我和相对方在互动中的共同作用。只有他人认可了自我身份，自我身份最终才能得到社会承认，成为社会身份，并由此获得相应的权利和利益。教师专业身份的确认就是这两个方面的交互影响，是教师自我与他人之间的有效协商。

事实上，教师专业发展中身份的自我认同是指教师自我对社会所界定的教师内涵的认知与体验，确认自己作为一位教师，允诺和遵从作为教师的规范准则，把教师专业作为自己身份的重要标志。当教师要确认自己的专业身份时，就是要辨识自己异于其他教师，或同属于教师群体的特征，换言之，即是教师个体对内在专业自我的追求与确认，这个过程就是教师专业发展中的自我认同。因此，教师身份的自我认同就是教师"自我"的建构历程，就是教师依据其过去、现在与未来的专业经历，来反思性地建构自己的专业自我与专业身份，它是教师对其专业经历与专业经验分析与再分析的持续过程。在这个过程中，教师专业发展中的自我认同与身份确认就涉及了教师个体的知识、价值、情感取向等，它是透过与外部空间的相对方交互与协商而建构生成的。

教师专业身份的追问与确认是一个漫长而变化的过程。教师先前的生活与学习经历，职前接受的教师教育都影响着教师对专业自我的认识与定位；教师在学校场域内，在对专业实践与专业经验反思理解的过程中，逐步地确认着自己的专业行为取向与专业发展目标；教师在外在的社会规约与改革的趋势背景下，不断地诊释与协商着自身对"教学专业"的体认，不断地探索着自身的专业身份定位。因此，教师的专业发展归根结底是教师对"教学专业"的一种身份辨识与建构，然后是伴随这样一种专业身份的权利、义务、责任与角色等，进而是履行这样一种义务与责任，以及实现这样一种角色期待所应具备和不断提升的专业知识与能力素养。

（3）教师专业角色的自我认同

教师角色主要指教师所具有的与其社会地位、社会身份相联系的被期望行为。教师角色不仅反映出教师的社会地位及身份，而且体现出教师的个体心理、行为与群体心理、行为及规范之间的相互关系。长期以来，教师专业发展的诉求是为了学校和社会的改善。社会赋予教育何种功能，教师自然要成为某种规制的角色。以社会化的角度而言，"成为一个教师"即是成为他人期望中的角色，具有他人所认定的知识与技能。因此，教师的专业角色大多是由外在的他人所赋予的，教师的专业实践就是在努力地塑造着他人眼中所认定的"教师"。这样的角色期待有利于社会与学校等对教师的一种限定与控制，进而有利其控制和影响学校的教育实践与教育结果。但是，当我们一味地以外在的角色期待要求于一个教师时，这些角色期待往往会掩盖了教师真实的自我，而使得教师的专业实践与专业发展受到了较大的限制与约束，这样的结果往往就会造成教师诸多角色的冲突，使教师陷入左右为难的困惑之中。

教师的角色期待与角色行为是否会造成诸多角色的冲突，关键是看教师能否形成或确认"自我"。因为，如果一个人不知道自己是什么人、自己生活的目的以及如何对待他人这样几个基本问题，就会导致"角色混乱"以及各种人生挫败。此外，教师的角色期待与角色行为也要受制于社会需要和社会环境等外部因素。在复杂的社会活动中，由于个人往往需要同时扮演若干个角色，这些角色对个人均有不同的要求，当这些角色与个人的期望、要求发生矛盾难以达成一致时，就会发生角色冲突。因此，在教师的专业实践与专业发展过程中，角色冲突以及由此产生的认同危机是不可避免的。学者吴康宁就指出："没有任何其他社会成员在群体中兼有的不同角色像教师在学校群体中兼有的角色形成鲜明对照，而且，也没有任何其他社会成员在群体中的角色转换像教师在学校中的角色的转换这样频繁。"与之相伴的是教师在学校群体中的两种基本的"常套行为"之间的频繁碰撞和冲突，即在学生面前以树立威信为主，在其他教师面前以平等互尊为主；教师在学校群体中的两种人格主体基本面貌之间的频繁比较与冲突，即在学生面前更多地表现为"作为教师的人"，而在其他教师面前更多地呈现为"作为人的教师"。教师的角色冲突，以及由此而产生的认同危机，对教师的工作满意度、职业倦怠及身心健康等均有较大影响，这些都会直接地影响着教师的专业实践与专业发展。

3. 不同"情境"中教师的自我认同

教师的专业生活充满了情境性，教师总是在特定的场合中进行着自身的专业实践，教师总是在纷繁复杂的教学片断与场景中不断提升着自身的专业经验与能力。教师的专业实践充满了故事，教师总是在一个个精彩或令人反省的故事中实现着自我的叙述与反思，教师总是在具体的、可感的片段中，连贯着自身的专业经验与经历，实现着自身的专业发展。教师专业发展中的自我认同也散落于这些片断化的专业实践与专业经验之中，教师的专业发展要重视碎片的、片段化的专业实践与专业经验。教师在"情境"中实现着对专业自我的叙述与反思，从而真切地促进着自身的专业发展。

"情境"顾名思义，情景与环境，而辞源上讲情境有两层意义：一是指景物、场景和环境；另一层是指人物、情节。情境是由主体选择或区分的高度组织起来的世界的一部分。情境，首先是指空间情境，即外部空间的场景与环境，不同的场景与环境会影响着人的行为，人身处其中与其交互影响；其次是指故事情境，即不同人物在各自的情节中生成着自我，故事与情境是水乳交融的，在情境中发生着故事，故事中展现着情境；再次是指问题情境，社会生活中充满了问题，不同的问题涉及不同的场景与环境，关系到不同的情节与人的行为。生活在"情境"之中的教师，同样身处空间情境、故事情境与问题情境之中。教师专业发展中的自我认同是在"情境"中予以呈现，并在"情境"中被建构与生成。

（1）"空间情境"中教师的自我认同

教师总是身处在不同的空间情境，社会、学校、家庭是最基本的三种空间情境，教师在不同的空间情境中扮演着不同的角色，空间情境也赋予了教师不同的身份，在诸多身份和角色的规约与诉求下，教师对自我的关照也往往呈现出鲜明的社会性与情境性。教师的日常生活往往在不同的"空间情境"中穿梭，并深受其制约与影响。教师所处的社会情境直接影响着教师外部价值的实现，影响着教师的符号系统与专业发展取向。不同国家、不同地区、不同区域的教师，在其专业实践与专业发展的过程中，深受社会情境性因素的影响。教师的学校情境是教师专业实践的核心，教师专业实践的点点滴滴、成败得失，教师专业情感的喜怒哀乐、酸甜苦辣等等都是在学校情境中发生、变化着的。不同的学校情境对教师的专业实践与专业发展有着极其重要的意义。教师相当多的专业行为，不是在学校完成的，而是在家庭情境中发生发展的，教师的家庭情境也深刻地影响着教师的专业实践与专业发展。社会、学校与家庭情境呈现出极大的差异性与不均衡性，这样一种特性也影响着教师专业实践与专业发展的差异性与不均衡性。对教师专业发展的导引，需要我们全面地、合理地审视教师所处的外部空间情境，在对诸多空间情境的分析与定位的基础上，我们也需要充分地利用空间情境的动力系统，充分地化解空间情境的不利因素，唯有如此，才能为教师的专业实践与专业发展营造良好的"空间情境"。①

中国的社会结构依然呈现出典型的城乡二元结构、东西部不均衡发展、区域经济的参差不齐等特征。城市与乡村的教师、东部与西部的教师、发达地区与落后地区的教师，对自身的关照与反思方面，也深深烙上了不同空间情境的印迹。生活在其中的教师不可避免地受到城乡、地域等社会环境，及其经济、文化等社会因素的影响。教师的"空间情境"影响着教师的经济报酬、社会声望等外部价值的实现，不同空间情境的差异会影响到教师对专业的自我的确认与定位。

个别高校教师所处的"空间情境"较为恶劣，外部的社会环境、学校环境以及家庭的生活环境，不仅影响着教师的生存与发展，也影响着教师的专业水平与专业发展。基本的生活保障、基本的经济待遇以及相应的社会声望，会成为这些教师对"空间情境"基本的价值诉求，然而，当这些基本的诉求也未能得到应有的响应时，这些教师

① 郑山明. 地方本科院校教师队伍建设研究［M］. 北京：光明日报出版社，2018.

往往会对自身的专业实践与专业发展有了不同的定位与取向。因此，相对落后地区的教师自我认同，更多是要求我们改善他们生存与发展的"空间情境"。身处经济、文化与教育均较为发达地区的教师也未必可以用良好的"空间情境"来形容，只是相对而言。这些教师对空间情境的价值诉求，除了经济待遇、社会声望等外部价值之外，更多的诉求是社会价值、专业地位，以及教师自身的专业发展。他们更多是在与外部进行着价值协商，而协商的结果会影响到他们生存与发展的"空间情境"。

总体而言，高校教师的"空间情境"不容乐观，身处其中的教师对自我的确认与定位也呈现出极大的差异性。尽管教师的物质待遇逐年提高，教师的社会声望也不断提升，但相对于其他许多行业，教师的专业地位与专业价值并没有获得多少实质性的提高，再加上区域间的不均衡发展，高校教师的"空间情境"严重影响着教师的专业热情与专业发展。教师专业发展中的自我认同是教师对自己的专业实践与专业经历反思性理解后所生成的自我，在自我的找寻与确认过程中，教师需要同外部的他人进行沟通与协商，进而共同营造良好的"空间情境"。外部的他人既是一个抽象的符号，也是具有生命特征的个体，更是具有群体特性的组织。社会、学校、家庭、公众、学校领导者、家长等构成了"空间情境"中的他人，教师反思性理解生成的自我，需要和这些他人进行沟通与协商。

（2）"故事情境"中教师的自我认同

当我想要告诉别人自己的内心感受时，我们讲述了自己的故事；当我们想要了解他人的内心感受时，我们倾听他人的故事。如果你要了解一个人，最好的办法莫过于了解他的人生故事。人生在故事中展开，人性在故事中表征。故事"为自我提供了连续性，一个完整的故事可以告诉我们昨天的你如何成为今天的你、明天的你。在故事中，我们可以建构过去、体验现在、期待将来。故事意味着自我的统一与整合。"自我的故事还包括生活故事，它也是个体对自我的叙述，是人们对他/她自身生活的一种理解。

教师的专业实践与专业经历充满了故事，教师在纷繁复杂的故事中叙述着自我。教师所从事的专业实践，就其本质而言，是一种人与人之间的交互活动，有人物、有情节、有情境。因此，教师的自我具有故事性，在故事中经验整合、在故事中反思理解、在故事中生成自我。教师的故事，首先是教师的人生故事，更确切地说，是教师专业生涯中的人生故事，它在时间维度横跨了教师从教前的人生经历、从教后的专业经历，在空间上涵盖了故事发生的社会、学校、班级、家庭等情境。教师在讲述自我、反思自我的时候，往往不能抽象、概括地描绘一个专业中的自我，教师往往通过分享自己的某一个或某一些具有代表性的故事，在故事的叙述中，表明一种自我的立场与反思性理解。教师的人生故事很庞杂，但却片刻离不开自己的专业生活与实践；教师的人生故事很是平凡普通，但却充满自己的专业生命力；教师的人生故事很是零乱繁杂，但却不妨碍我们对其进行梳理与反思，这也蕴含了教师专业发展的内在路径。教师的故事还包括生活故事，在空间情境中，教师充满了学校情境中的故事、家庭情境中的故事、社会情境中的故事。而在学校情境中又充满了班级情境、年级情境、教研组情境、课堂情境、活动情境中的故事等等。教师的专业实践就是在这一个个特殊而又平凡的情境中发生发展的。教师也在发生故事、经历故事、感受故事、讲述故事、反思故事的基础上，实现着对自我心路历程的反思，实现着专业经验的升华，也促进着自身的专业发展。

认同是一个内化的、不断发展的有关自我的叙事，认同将自我的不同方面紧密地联系起来，使生活具有一贯性、目的性和意义性。自我具有故事性，人生故事将零散的经验进行组织整合。个体对生活的叙事是以时间为主轴，将一系列零散的事件联系起来，形成一个完整、连续的人生故事。故事本身反映了个体心理发展与变化的过程，自我是在述说生活故事的过程中得以存在的。教师专业发展中的自我认同既不是抽象的理性哲思，也不是刻板的测量与评判，而是在教师鲜活的专业实践与专业经历中，通过故事和教师的叙述，不断地反思性理解而生成自我。在"故事情境"中，教师专业发展中的自我认同将教师看似碎片化和零乱的专业实践与专业生活，有目的地且一以贯之地联系起来，在对故事的叙述与反思中，形成教师的专业意义感、身份感、角色观等，进而在反思理解的过程中实现对自我的辨识与建构。

"故事情境"中教师的自我认同，既体现了后现代视野下认同的碎片性与独特性，也体现了教师专业发展实现路径的转向。教师的故事是普遍相似中的各不相同，个中的人物、情节、情境，只有教师才是真正的诠释者和建构者。教师的自我就隐含在这些人生故事与生活故事之中，教师自我的确认需要教师重新反思与理解这些平凡又不平凡、普通又不普通的故事，需要教师在叙述故事的同时，反思性地生成自我。这不仅是教师专业发展中自我认同的内在特征，也是教师专业发展的路径线索。叙述与反思离不开故事，故事离不开"情境"。在"故事情境"中，教师可以找寻一条适宜自身发展却又充满挑战的路径线索。循着这条路径，不同的教师走在不同的发展道路上，不同的教师停留在不同的位置上，教师专业发展的分化也就显而易见了。笔者比较和分析了若干位知名的专家型教师的讲座与经验报告，理性思辨得少、经验提升得多、理论阐释得少、故事叙述得多，总结评价得少、反思理解得多，这些特征恰恰可以表明，专家型、研究型、反思型教师的成长，离不开生活中的故事，离不开对故事的叙事与反思，这与外在的教师培训相比，更具发展的意义与价值，这或许是能够真正激发教师发展动力，以及促进教师不断发展的有效路径。当然，这也内在地对教师提出了诸多的专业诉求，并内在地要求教师不断提升自身观察、叙述、反思、交往合作的能力。教师自我的合理认同及其专业发展既要重视教师的"故事情境"，又要重视教师的叙述与反思。

（3）"问题情境"中教师的自我认同

教育真是一个复杂的社会问题，学校教育诸多问题的根不在学校，而在社会。教育的社会性功能与筛选功能，往往也造成了教育在某种程度上的异化。教师在异化的教育情境中被赋予了诸多的价值诉求、外部规约与角色期待，教师往往在复杂而又难解的教育问题中迷失了自我，在外部空间环境的限制与束缚中不断地困惑与彷徨。我是谁？我在做什么？我应走向何方？我的意义与价值？诸如此类的问题不是无病呻吟，也不是娇柔作态，而是在诸多问题中教师的内心写照。在诸多的教育问题中，社会性因素与教师的自我交织在一起，于是不同的教师生成了不同的认同状态，不同的教师在教学专业道路上走向了不同的方向，在专业发展的过程中教师就分化出了不同的层次与水平。问题不可避免，如何正视问题、如何分析问题、如何解决问题，这是每一位教师在其专业实践与专业经历中都需要正视与回应的问题，而这些也同教师专业发展中的自我认同密不可分、相辅相成。

教师专业发展中的自我认同往往会在诸多的"问题情境"中遭遇困扰与尴尬。学校教育中难解的问题时刻影响着教师的专业实践与专业经历，教师在"问题情境"中面临着外部社会性因素与内在自我的双重困境，教师也是在分析问题、解决问题的过程中实现着专业发展上的分化。"问题情境"不可避免，也是教师专业发展的分水岭之一，它影响着教师经验的积累、反思与改造，也影响着教师专业素养的提升与发展。

教师的生活世界中充满形形色色的问题，应试教育只是其中一个影响较大的难题。问题的不断衍生与解决，既是教师的一种生存样态，也是教师专业发展必须回应的主题之一，而教师专业发展中的自我认同也需要重视教师生活世界中的"问题情境"，需要教师直面学校教育的困境与难题。在问题中和生活中，实现自我的合理认同与专业发展。

（二）教师专业发展中的合理认同

1. 教师专业发展中合理认同的内涵

教师专业发展中的自我认同是一种复杂的、个性化的精神现象，它关系到教师专业发展的主体性问题，是教师对自我意义感的追问，是教师对自我真实身份的确认和对自我最终归属的定位。教师专业发展中的自我认同既是一种过程、一种经历，也是一种结果，是对"我是谁""教师是谁"的一种确认。然而，教师专业发展中的自我认同本身也蕴含了危机，个人经历的差异与反思性理解的水平会影响到教师自我的生成。教师专业发展中自我认同的合理与否会影响到其意义感、身份感、归属感等的获得，影响到其与外界的"交往"与"对话"，影响到生活世界中教师的主体性地位与自身的主动发展。教师专业发展中的合理认同不是自顾自的认同，也不是被动的社会认同，而是教师自我的合理认同。教师专业发展中的合理认同包含了理性与非理性的统一，以及合规律性与合目的性的统一。教师专业发展中的合理认同所体现的是自觉的和主动的教师主体对于自我的价值、身份与角色等方面的合理辨识与主动建构。教师专业发展中的合理认同是化解自我认同危机的内在需求，也是促进教师专业发展的现实回应。教师专业发展中的合理认同也应当在教师的生活世界中具有可操作性，并可以在实际生活中得到有效的培养。

教师专业发展中的合理认同既是理论上一种思辨与分析，也是对教师专业实践与专业发展的一种积极探索。教师合理认同的生成是教师化解自我认同危机的一种积极的、有益的路径，而合理认同本身是教师自我认同合规律性与合目的性的统一。教师自我认同的合规律性反映了认同的客观性与确定性的特征，它是科学主义与行为主义视野下教师认同的内在反映。教师自我认同的合目的性则体现了教师的主体性因素，反映了教师自我认同的主观性与不确定性，它是后现代视野下教师自我认同的转向。教师专业发展中的合理认同需要恢复和保持认同中的关键成分，需要重视"自我"与"他人"之间的相互塑造，而且教师专业发展中的合理认同本身也是理性与非理性属性的妥善结合。

教师专业发展中的合理认同需要恢复或保持教师自我认同的关键性成分与核心特征，即同一性与差异性、连续性与阶段性、整合性与碎片性、内敛性与外散性。教师专业发展中的合理认同需要正常发挥上述这些关键性成分的正向功能，而且它们之间也是内在联系、相互作用和相互支持的。

教师专业发展中的自我认同与专业发展是理性与非理性的统一，教师的理性导向了教师的知识、能力、专业规划与设计、专业理想等，教师的非理性导向了教师的专业情意与职业道德，导向了教师的意义追寻等。理性和非理性的相互塑造，使得教师的自我认同成为一个完整的、有机的整体。理性与非理性的相互塑造，整合了教师自我的整体性与破碎性、确定性与不确定性、稳定性与无序性、权威性与宽容性等。

教师专业发展中的合理认同是教师自我的主体性叩问，是教师对其专业"自我"的一种合理辨识，是教师个体与社会因素共同协商而确立的。教师专业发展中的合理认同强调教师对其专业价值、身份与角色等进行一种合理辨识与合理建构，强调教师合理建构属于自我的专业内涵。而且，教师专业发展中的合理认同注重教师"自我"与"他人"之间相互对话与协商。"他人"需要合理认同教师的专业价值、身份、角色等，教师"自我"需要反思理解"他人"的因素，并在自我的专业实践中实现自我的价值与发展。

教师专业发展中的合理认同还需要重视语言的转向，重视在叙述与反思中生成自我，在叙述与反思中促进自身的专业发展。教师专业发展中的合理认同不是单纯的、抽象的理论思辨，而是教师在教学生活世界中不可回避的复杂现象。教师的合理认同最终要回到教师的生活世界之中，在教师所处的社会生活空间中去寻找最终答案。

2. 教师专业发展中自我认同的合规律性

（1）恢复和保持认同中的关键成分

教师专业发展中的自我认同需要持续地恢复和保持几个关键性的构成成分与要素，

即同一性、差异性、连续性、阶段性、整合性和碎片性。第一，教师专业发展中自我认同的同一性是指具有一种与他人保持同样性的感觉，这里的他人就是教师社会性的自我。自我认同的同一性强调教师对其专业价值、身份与角色等的主动辨识，以及对教师群体所产生的一种归属感；第二，教师专业发展中自我认同的差异性则要确保教师在自我与他人之间具有一种界限的感觉，亦即教师要确认自我的内在差异与独特性，即在合理认同教师的身份、意义、价值等的同时，能够保持自己的个体性，能够在"同"中求"异"；第三，教师专业发展中自我认同的连续性则指的是一种教师对其专业经历与专业实践所生成的自我体验或自我经验感，它能够使教师在时空转换中持续地叙述自我、反思自我，并表现为一种保持自我认同一致性和连续性的知觉；第四，教师专业发展中的自我认同也是一个动态变化的过程，也呈现出阶段性的特征，它与教师的专业发展阶段理论有着内在的关联性。教师面临着诸多的自我认同危机，而危机的化解内在地呼唤着教师新的、合理的认同，教师在"认同—认同危机—新的认同"的动态过程中，反思性地生成真正的自我；第五，教师专业发展中自我认同的整合性是指教师在认同中所具有的一种整体感，是教师对自我认同的一种整体把握，其功能是帮助教师用核心认同去容纳和接受非核心的、边缘的认同，用既有的认同去接纳新的认同，或用新的认同来改造、改变和革新旧有的认同。只有这样，认同才能保持相对的稳定性和整体性；第六，教师专业发展中自我认同的碎片性内在地反映了教师的专业生活与专业经验的碎片化，教师自我的合理认同就是要重视对琐碎的专业生活与专业经验的不断体验与反思，就是需要教师在碎片化的情境中不断地叙述自我、反思自我，实现自我的建构与生成。[①]

自我认同的关键性成分影响着教师专业发展中的合理认同，而这几个关键性成分是内在联系、相互作用的，它们之间的张力构成并支撑着一个相对完整和稳定的教师自我认同的概念。对这几个关键性成分与要素的把握，决定了教师专业发展中自我认同的合理程度，也影响到教师专业发展中自我认同危机的合理化解。教师专业发展中的合理认同需要全面地关照自我认同的关键性成分，需要合理地审视自我认同的同一性、差异性、连续性、阶段性、整体性与碎片性，唯有这样，才能形成自我的合理认同观，进而在合理认同的过程中，有效地叙述与反思自我，从而促进教师的专业发展。

（2）重视教师专业理性与非理性属性的妥善结合

人是理性和非理性的统一，教师专业发展中的合理认同亦不例外，也可以被理解为教师专业理性和非理性的统一。教师专业发展中的合理认同同样无法回避对理性与非理性关系的讨论，教师自我认同的理性色彩，注重认同行为与认同感的自明性与可测性，注重用技术理性来支撑教师自我认同的过程与结果。而教师自我认同的非理性则是教师的精神和心灵活动中重要的组成部分，教师自我认同的非理性属性和特征造

① 朱宛霞. 地方高校转型发展与教师角色认同的探索［M］. 北京：中国商务出版社，2018.

就了教师自我认同的片段性、碎片性和易变性。教师专业发展过程中的自我认同是理性与非理性的妥善结合，教师的专业理性导向了教师的知识、能力、专业规划与设计、专业理想等，教师的非理性导向了教师的专业情意与职业道德，导向了教师的意义追寻等。理性和非理性的相互塑造，使得教师专业发展中的自我认同成为一个完整的、有机的整体，使得教师专业发展中的合理认同成为可能。理性与非理性的相互塑造，整合了教师自我的整体性与破碎性、确定性与不确定性、稳定性与无序性、权威性与宽容性等。

教师专业发展中的合理认同需要充分估量理性的作用。教师的专业理性能力作为一种内在的力量引导着教师对专业价值、身份、角色等方面的把握和评价，引导着教师的专业实践。教师专业发展中的自我认同充满着理性主义的魅力，理性的力量能够使教师理解并把握其专业发展的规律、方向、方式与路径，能够帮助教师在专业发展的历程中不断提升自身的专业素养与能力。教师专业发展中的合理认同需要充分肯定认同中非理性的属性及其作用。教师的非理性是教师精神和心灵活动中的重要组成部分，它深切地影响着教师内在的驱动力、情绪情感以及教师的创造性。教师的非理性本身也具有非逻辑性、跳跃性和非恒久性等明显特征，这些特征体现和影响着教师专业发展中自我认同的片段性、碎片性和易变性。

总之，理性和非理性属性的交相作用与妥善结合，使得教师专业发展中的自我认同具备和保持了认同的整体性特征，使得教师在合理认同的过程中实现了自主的专业发展，这也体现了教师专业发展中合理认同的规律性特征。

3. 教师专业发展中自我认同的合目的性

教师专业发展中自我认同的合目的性主要指教师需要重视自身的价值取向和发展目标，需要重视对自身生存状况及生命意义进行深层次的追问。教师专业发展中自我认同的合目的性表现为教师自我的主体性叩问，表现为教师在价值认同、身份认同与角色认同方面的合理辨识与合理建构。

（1）重视教师专业发展的主体性叩问

教师专业发展的主体性，从根本上就是对"我是谁"的主体式追问。确认"我是谁""教师是谁"就是知道教师专业发展的关键性特征。教师专业发展中的价值认同、身份认同与角色认同等，影响着教师专业发展的主动性、自主性和创造性。教师专业发展中的合理认同规划了教师主体性的内在轨迹，而主体性的彰显也是教师合理认同的主题与核心内容。然而，"教师往往只具有被高尚与奉献精神掩盖着的工具性'主体性'。人们主要是由外在的社会价值取向，而非主体性的意义范畴，提高技术职业道德规范和学术标准，通过责任与义务的解释，来建构技术的素质规格和培养体系的。教师内在的价值取向、内在的成就动机、良心和良知的体悟以及自我实现的价值目标，并没有受到重视。因此，就导致了真正意义上教师主体性的失落。"

　　教师专业发展主体性的确立，内在地要求教师在其专业实践中，成为具有主动性、自主性与创造性的专业人员。教师在其专业实践与专业发展中的主动性、自主性与创造性，既受制于诸多的社会性因素，也受制于教师自身的专业素养及专业能力。但是，影响教师专业实践与专业发展的社会性因素，也需要通过个体的自我反思投射，才能发挥其内在规约与影响。因此，教师的专业发展归根结底是教师对其教学专业身份的一种确认，以及教师对"我是谁"和"理想的我"及"现实的我"的一种追问与确认。教师专业发展中的合理认同，能够激发其对专业实践与专业发展的积极性、能动性与自主性，能够有效地提升教师的创造性与独立性。教师专业发展中的合理认同不仅激发着教师专业实践与专业发展的动力系统，也导引着教师专业发展的目标与路径。

　　（2）实现教师专业价值、身份与角色的合理建构

　　认同问题归根到底是一个价值问题，认同问题的提出源自于作为社会主体的个人对于自身生存状况及生命意义的深层次追问。对于教师的价值而言，它最为普遍的一种区分是分为社会价值和主体价值两个基本方面。教师的社会价值一般包括：政治价值、经济价值、文化价值等。教师的主体价值一般包括：实用价值、精神价值和生命价值等。教师的他人认同更多地会侧重于教师的社会价值、外在价值，它是一种社会本位的价值取向。教师专业发展中的自我认同则不仅关注教师的社会价值、外在价值，诸如经济报酬、职业声望与安全、工作环境、领导与同事关系等，也关注教师内在的生命价值与发展价值，诸如理想工作状态的追求，内在的创造性与独立性等。教师的他人认同不仅要关注教师社会价值层面的东西，更要关注教师主体生命价值的实现，只有在良好的外部空间中，教师这个职业或专业才会更加具有吸引力，教师的专业发展才能获得更大的动力支持。对于教师专业发展中的自我认同而言，我们在不满或抱怨主体生命价值未被充分认同的同时，也要清醒地知道，真正的自我并不在于教师的外在社会价值，而是潜藏在教师的专业实践之中，在教学中能够感受到快乐与满足的教师才能更好找寻与确认"我是谁"，才能更好地实现自身的专业发展。

　　教师专业身份的自我认同是决定教师做些什么最基本的一部分，教师的身份认同是教师工作动力的基本源。所以，教师的专业发展所关心的不能停留在有关"专业"的描述与规约性意义上，而应重视教师"专业身份"的意义磋商与建构生成。对于教师的"专业身份"需要从两个方面去把握：一方面，教师的身份具有独特的功能和价值，以社会为代表的他人更重视教师这种功能与价值的实现，赋予教师与之相应的身份规约与角色期待，以期促进教师的专业实践与专业发展；另一方面，教师身份不是"朝圣式"的被动接受，而是"旅行式"的意义磋商与建构生成。教师的身份认同离不开自我与他人的交互与协商，离不开"自我"的反思性理解与建构生成。

　　教师在专业发展中所遇到的角色期待与角色冲突以及由此而产生的认同危机，对教师的工作满意度、职业倦怠、教育效果及身心健康等均有较大影响，这些都会直接地影响着教师的专业实践与专业发展。因此，教师专业发展中的角色认同需要妥善地

处理好教师自我与他者的关系，需要重视自我与他者的沟通协商与相互塑造。角色期待体现了他者对教师的功能性规约，体现了教师自我的社会性因素，但当诸多角色期待强加于教师而忽略了教师的专业价值与身份时，教师的角色冲突以及由此引发的认同危机也就不可避免。所以，社会需要理性地审视教师的专业角色，而教师本身也要合理地内化诸多的角色期待，二者之间只有在协商中才能化解角色冲突的负面功能，二者之间只有在相互塑造中才能真正促进教师的专业发展。

4. 教师专业发展中自我认同合规律性与合目的性的统一

教师的专业发展离不开教师的生活世界，离不开教师自我的主体觉醒，离不开社会性因素与教师个体因素的交互影响。教师专业发展中的合理认同需要重新审视其所处的外部环境，在教师自我与他者的相互协商与塑造中，真正地发挥教师专业发展的主体性，真正地促进教师的专业发展。在教师专业发展的过程中，我们需要重视教师自我与他者的相互协商与塑造，需要重视教师专业发展的语言转向。

（1）重视教师自我与他者之间的相互协商与相互塑造

在当代认同问题研究的大背景下理解，行为主义方法之所以为西方研究认同的学者们频繁地引用、推荐并逐渐渗透到其他学科领域中去，主要原因在于，这个研究方法首先摈弃了先验的、脱离现实的认同，转而关注在交往行为中的认同关系，注意自我认同与社会进化之间的双向互动关系，注重自我社会化的过程和人的社会交往的过程。"如果认同是社会生活必要的先决条件的话，反过来也可以成立。从其他人社会生活中孤立出来的单个认同（即体现在自我性中的认同）是没有意义的。

事实上，真正的"他者"是另一个自我，真正的"他者"是一面镜子。自我是从"他者"的视角位置上逐渐看清了自己。自我与真正的"他者"相互造就，共同分享一段历史。教师专业发展中的合理认同同样需要自我与"他者"之间的相互协商与塑造，同样需要自我认同与他者认同之间的交互与协商。教师自我与他者之间的相互协商与塑造，主要体现在价值认同、身份认同与角色认同三个层面，这三层面又内在联系、相互制约。在专业实践与专业发展的过程中，以社会为代表的他人与教师的自我都需要重视教学专业的内外价值，都需要特别重视教师的主体生命价值与发展价值。在身份认同层面，以社会为代表的他人需要合理地规约教师权利、责任与义务等，而教师也需要合理地建构自我的多重身份，在意义磋商与反思性理解中生成真正的自我。在角色认同层面，以社会为代表的他人需要理性地审视教师的专业角色，教师本身也要合理地内化诸多的角色期待，二者之间只有在协商中才能化解角色冲突的负面功能，二者之间只有在相互塑造中才能真正促进教师的专业发展。

（2）重视教师专业发展的语言转向

自我的合理认同是通过语言实现的、具有主体间性的、符合一定社会规范的、在对话中完成的、能在交往者之间达成协调一致于相互了解的合理性。自我的合理认同天然地与自我的语言和知识建立起紧密的联系，更多地涉及了自我语言的表达，以及关于自我主体性认知的知识建构。因此，自我的合理认同要重视语言转向的研究取向与路径指引。

语言是思想的工具，人们借助于语言来把握世界的意义，语言是存在的"家"。教师的语言是教师把握意义的工具，也是教师存在的"家"。教师专业发展中的合理认同也是通过语言实现的、具有主体间性的、符合一定社会规范的、在对话中完成的、能在交往者之间达成相互了解的合理性。教师对专业价值、身份与角色等的辨识过程，就是自我生成的过程，这些都需要借助教师的语言完成。因此，教师语言的差异影响着教师自我认同与专业发展的状态与结果。在叙事与反思的语言转向中，教师专业发展中的合理认同不单单是抽象地对自我进行一种建构，它更强调在教师的日常教学世界中，对教师的专业经历、专业经验进行一种深度描述。在叙事与叙述的基础上，在经验与意义的基础上，进行反思性理解的同时生成教师真正的自我。叙事与反思天然地联系到一起，共同地为教师的自主专业发展创设了一条实现路径。教师需要重视这一语言转向，需要积极参与关于"专业"的论述，在生活的经验与故事中，反思自己作为教师的意义与行动，从而真切地促进其持续的专业发展。

（三）合理认同视域下教师专业发展的实现路径

1. 教师专业发展过程中的"自我"觉醒与生成

"当一位教师能追寻、建构自己的认同，才可能有负责任的自主行动和不断成长的动力，这样的教师才能找到自己和学生的主体性"，教师专业发展的过程就是教师找寻自我、生成自我的过程。在专业发展的过程中，教师"自我"的觉醒意味着教师主体性的萌芽，意味着教师专业自主发展的最初动力，而教师"自我"的生成既是教师自我认同的终极结果，也是教师专业发展中合理认同的内在轨迹。教师专业发展中的合理认同，让教师赋予专业经历与生活经验以意义，让教师不断确认自己要成为一位什么样的教师，不断确认自己和学生之间要追求何种意义，这才是教师专业发展的真义。在合理认同的视域下，教师的专业发展需要重视"自我"的觉醒与生成，需要在不同情境、不同阶段持续地保持认同的关键性成分，需要在危机中动态地把握认同的规律。

（1）教师在专业发展中需要合理地辨识自我、定位自我

教师不是游离的分子，不是抽象的存在，教师生活在社会与学校之中，教师专业发展及其自我认同受到社会性因素及学校组织的影响。在对专业发展内涵合理辨识与主动建构的过程中，教师逐步确立着自身专业发展的坐标，确立着自身专业发展的内容与途径等。在专业发展的过程中，教师需要合理地辨识自我，需要注重自我认同的同一性与差异性，在合理辨识的过程中生成教师自我的意义感、身份感、归属感以及个体的独特性。

（2）教师在专业发展中需要有效地规划自我

教师的专业发展是教师个体的行为经历与教师专业经历相契合的过程，在这一动态过程中，教师个体始终在追问着"我是谁""教师是谁"，并力求通过自己的专业实践来反思性理解地生成自我，不断提升自己的专业能力与素养。在专业发展的动态过程中，在专业发展的不同阶段，教师需要持续地进行自我反思与自我规划。

（3）教师在专业发展中需要有效地叙述自我、反思自我

在时空的动态变化中，教师的专业实践充满了故事，教师总是在一个个精彩或令人反省的故事中实现着自我的叙述与反思，教师总是在具体的、可感的片段中，连贯着自身的专业经验与经历，实现着自身的专业发展。因此，合理认同视域下的教师专业发展需要重视认同的整合性与碎片性，既要重视教师专业经历与经验的整体性，也要重视教师碎片的、片段化的专业经历与专业经验。

（4）教师在专业发展的认同危机中需要学会调适自我

教师身处的社会环境与学校情境不断发生着变化，教师的生活同样充满了冲突与不确定性。"社会性自我"与"个体自我"之间缺乏有效的沟通与协商，在诸多日益加剧的冲突中，教师专业发展中的自我认同危机不可避免。教师专业发展中的认同危机表现为教师的价值认同危机与自我意义感的丧失，表现为教师自我身份感的困惑与归属感的缺失，表现为教师专业角色的冲突与困惑。伴随着教师自我价值、身份与角色的认同危机，教师愈来愈缺乏对自我的审视与反思，处于"失语"状态的教师往往更容易产生焦虑的心态，往往更容易产生对教学本身的倦怠，从而影响教学的热情与教学的效果。最为重要的是，伴随着价值认同危机、身份与角色认同危机，以及教师"自我的失音""焦虑与倦怠"，教师的创造性也日益枯竭，教师的道德框架也陷入分裂的状态，甚至产生了对教育本身的信仰危机。这些危机的产生真切地影响着教师的生活世界，影响到教师自我的建构与生成，影响着教师的专业发展。

教师自我的认同危机是不可能消除的，它是教师专业实践与专业发展的一种常态。化解的目的是将教师自我认同的危机导向新的合理认同，充分实现认同危机正向的功能，发挥危机对教师专业发展的建设性意义。同时，化解的目的是尽可能地避免教师自我认同危机所带来的消极影响，尽可能地避免教师出现不合理的认同状态，尽可能降低认同危机对教师专业发展所产生的负向功能。教师专业发展中自我认同危机的化解，需要重视教师"自我"的觉醒与主体性的发挥，需要重视教师对专业价值、身份、角色等的合理辨识，要重视教师意义感、身份感、角色观等的获得。教师自我认同危机的化解，需要理性地审视教师自我"失语"的发展状态，需要帮助教师进行积极的自我调适，从而帮助教师正确地面对焦虑、倦怠与压力等现实心理困境，需要帮助教师在创造性的教学实践中实现自我的价值与意义。面对教师自我认同的多重危机，既不能消极地应对或抵制，也不能一味地否定教师自我认同的危机。我们需要合理地、有效地化解教师专业发展中自我认同危机的影响，在

危机这样一种持续的发展过程中，在积极地自我调适的过程中，促进教师专业发展的自我实现与自我超越。

2. 教师专业发展过程中的"叙事"与"反思"

在特定的历史情境下，许多关于教师自我的论述，往往反映一套具有强制性或影响力的规范，对于教师"是什么、应当如何"的客观界定都是具有规制性的。这些界定都是将教师视为一个角色，是集体的、功能性的，忽视教师的生活经验，忽视教师对专业内涵的意义磋商与主动建构。因此，教师的专业发展需要重视语言的转向，需要重视在叙述与反思的过程中，促进教师的专业发展。

（1）教师专业发展的语言转向——叙事与反思

当代对于教师专业发展研究的叙事取向，即是希望透过教师生活故事的叙述，协助教师反思其生活的事件与经历，重新建构那些被视为当然的、习以为常的思考与行动意义。在叙述中，教师可以将自己作为思考与体会的对象，暂时远离目前他人的界定和期望，由过去、现在的经历，以及对未来的期望，重新发现自我的多重声音，并形成有体系的论述。此种对自我的理论化过程，也正是教师专业发展中合理认同建构的过程。教师的专业实践是一个持续的过程，也是由无数个片段与经验组合而成的专业经历，教师对自我的反思性理解需要教师对自己的专业经验与经历进行一种叙事的语言转向。

今天的自我认同就是一种反思性的成就。自我认同的叙述在与快速变化着的社会生活情景的关系中被形塑、修正和被反思性地保持下来。个体必须要以一种合理而又连贯的方式把对未来的设想与过去的经验联结起来，以便能够促使把被传递的经验差异性中所产生的信息与当地性的生活整合起来。在特定的变化情景下，一种自我认同的反思性秩序的叙述，为有限的生活历程提供了赋予一致性的手段。教师专业发展中的自我认同也是一种反思性的成就。教师的专业发展离不开自我的叙述与反思，而在自我合理认同的建构过程中，叙述与反思赋予了教师专业发展的实现路径。在特定的情境中，一种教师自我认同的反思性秩序叙述，也为教师的专业生活历程提供了赋予一致性的手段。所以许多学者建议教师进行自我叙事，用以协助自我的反思性理解，并追踪自我在概念理解上的发展。当更多的教师进行叙事，并在叙述中反思自我，那么将有助于形成教师的专业自省意识，促进教师工作的专业化。教师专业发展中的自我认同就是对教师有限的生活历程与专业经历，以及自身经验系统的一种深度描述与反思性理解。教师通过对生活经历与专业经历的叙述与反思，规划着自身专业发展的目标系统。教师通过对来源于专业实践的教育经验的叙事与叙述，反思性地提升了自身的专业能力与素养。

（2）教师需要在叙事中进行反思

叙事与反思天然地联系到一起，共同为教师的自主专业发展创设了一条实现路径。

叙事本身蕴涵了反思的特质，而反思性理解需要叙事的语言转向。叙事之所以可作为反思与批判的凭借，就在于叙事所使用的语言是务实的、素朴的，所有人皆运用最适于自我表述的语汇、语法叙说自己的所见、所思、所感。当教师用朴素的语言表露实务经验中的信念与情感，即易于看见自己的紧张不安，而去追寻这压制性的来源，也才有机会发现个人或专业社群所处的意识形态氛围。而叙事，正是其中发声的途径。

（3）教师的叙事——用叙述把握我们的生活

我们必须努力给我们的生活以意义或实质，而这意味着我们不可逃避地要叙述性地理解我们自己。然而，在以往促进教师专业发展的过程中，我们更加重视如何订立特定的专业标准，并要求教师逐项达成，以成就其专业性。然而，此种概念似乎将教师视同技术工匠，以为只要施以特定的训练，即可造就一位专业的教师。此种技术训练理论以为可以用价值中立的态度，来处理师资教育中的诸多复杂问题，结果却造成教师与专业知识间的疏离，以及对外在权威技能指导的依赖。当代教师的专业发展理论以对技术训练取向的批判为基础，需通过寻回教师作为专业人员的主体性，以开创教师专业发展的新局面。教师应积极参与关于"专业"的论述，在生活的经验与故事中反思自己作为教师的意义与行动。叙事，给予一种对未来可能发展的开放性，教师在叙事中发展自己的故事，也发展了自我。因此，我们需要重视教师专业发展中的叙事取向，需要重视诸如日志、档案、传记，甚至是轶事记载等叙事形态或方法，重视通过这些行之有效的叙事方法来叙述、论释与反思教师的经验与故事。通过叙事及帮助教师分析事件中的问题，赋予事件合理或不合理的说明，表露出隐藏于心中的观念与价值，从而促进教师的专业发展。

（4）教师的反思——用反思性理解生成自我

反思性的运动首先来自以下的事实：我们离开了通常的、未加思考的事物焦点而转向语言，这样就揭开了语言力量的面纱。我们不能再把语言单纯地看作一个我们可以更有效地处理事物的惰性工具。它涉及我们要意识到用语言可以做什么事情。个体要建立一条人生轨迹，这条轨迹只能够通过反思而变得首尾相连。教师的反思，即教师作为主体在其专业实践中的反思活动，是教师的价值反思、身份反思、角色反思、实践反思。这种反思使教师作为一名专业人员，在具体复杂的教育情境下，通过自身的反思和探究，在理论与实践的结合点上形成丰富的实践性知识，成为一名"反思性实践者"。①

3. 教师专业发展过程中的"对话"与"协商"

教师的专业发展并非朝圣式地符合客观标准，而是旅行式地通过与所处社会关系中的人互动、磋商，而建构自己作为教师的专业内涵。合理认同视域下的教师专业发

---

① 徐杰. 高校党的建设与思想政治工作研究 [M]. 北京：知识产权出版社，2018.

展，需要实现"自我"与"他人"的对话与协商。"他人"需要合理认同教师的专业价值、身份、角色等，教师"自我"需要反思理解"他人"的因素，并在自身的专业实践中实现自我的价值与发展。

（1）教师专业发展过程中的对话

"对话"作为一种交往关系，意味着交互协商；"对话"作为一种认知方式，意味着动态生成；"对话"作为一种生活方式，意味着真实开放；"对话"作为一种反思方式，意味着直击心灵。教师的"对话"不仅仅体现为对话教育所倡导的理念，也要重视教师"自我"与"他人"的有效对话。在专业发展的过程中，教师的对话也是一种交往关系，它意味着教师需要进行自我与他人的交互协商；教师的对话也是一种认知方式，它意味着教师需要在认同的动态过程中生成自我；教师的对话也是一种生活方式，它意味着教师需要在生活世界中，在情境、问题与故事中实现对话的语言转向；教师的对话也是一种反思方式，它意味着教师需要在对话中把握自身的价值与追求，教师需要在心灵探索的旅途中关注自我的意义感、身份感与归属感等。

（2）教师专业发展过程中的协商

真正的"他人"是另一个自我，真正的"他人"是一面镜子。合理认同视域下的教师专业发展需要实现"自我"与"他人"的对话与协商。"他人"需要合认同教师的专业价值、身份、角色等，教师"自我"需要反思理解"他人"的因素，并在自身的专业实践中实现自我的价值与发展。

4. 教师专业发展过程中积极心理机制的培育与自我调适

在教师专业发展的过程中，往往会产生积极的或消极的心理体验，诸如羞耻感、自豪感与效能感的产生，以及焦虑、倦怠与压力的形成等等。在专业发展的过程中我们需要努力培育教师积极健康的心理机制，也需要引导教师对消极的心理体验进行积极的自我调适，这样才能更好地促进教师的专业发展。教师的心理培育机制主要关注教师羞耻感与自豪感的产生，关注教师满意度的生成和创造性的激发；而教师积极的自我调适则主要关注如何更好地引导教师化解诸多层面的认同危机，如何更好地引导教师面对焦虑、克服倦怠与调适压力，如何更好地促进教师的身心健康。

（1）在教师专业发展的过程中重视积极心理机制的培育

① 培育教师的羞耻感与自豪感

在教师专业发展的过程中，羞耻感与自豪感往往会伴随而生。教师的羞耻感往往来源于对其所从事的教学专业的一种不充分感受，它会影响到教师的工作满意度，会导致教师焦虑与工作压力的产生，从而影响教师个体的专业实践与专业发展。羞耻感是教师专业发展动力系统的内在要素，它会对教师的专业发展产生积极的影响与作用。与之相对，教师专业发展动力系统也需要重视教师自豪感的培育。当一个教师能成功地培育自豪感时，其能在心理上感到自我经历是合理而完整的。教师的自豪感对于教师自我意义感、身份感和归属感的获得具有积极的影响。

事实上，良心是羞耻感的主要作用机制，常表现出自尊、焦虑、羞愧和内疚等情绪。教师的羞耻感具有程度上的差异性，不同羞耻感程度的教师，其专业情意与专业发展定位也是有所差异的。因此，我们需要进一步对教师的羞耻感进行研究与探索，这对于教师的自我合理认同与专业发展而言，既是一种深化，也是一种心理学的研究路径。虽然，当前我们缺乏对教师羞耻感相对成熟的心理测评，但我们可以通过对教师羞耻感的要素分析，进一步探讨教师的专业情意与专业行为；我们还可以对教师羞耻感这一现象进行质性研究，通过诸如深度访谈、田野式调查与叙事研究等研究方法，对教师的羞耻感进行进一步的探讨。

教师的自豪感作为一种心理体验同样伴随着教师的自我认同与专业发展，它更多地体现为一种积极的内驱力。教师的自豪感来自于内外两个层面，外部空间的他者，诸如社会、学校、家庭对教师自我的合理认同往往能够激发教师的自豪感，而教师在教学专业生涯中找寻到自身的专业价值，在教学中生成了自我的意义感、归属感，同样可以极大地激发教师的自豪感。尤为重要的是，当一个教师能成功地培育自豪感时，他能在心理上感到自我经历是合理而完整的。因此，我们可以让教师在对自我专业经历进行叙述与反思的过程中，形成对其所从事的教学专业本身的一种自豪感。社会、学校与家庭也需要重视培育教师的自豪感，这涉及社会学的研究范畴，也是对教师专业发展进一步研究与探索的有效路径。

② 提升教师的工作满意度

早期的教师工作满意感是与工作生活质量在一起研究的。研究者发现低的薪酬、与同事的关系、与学生的关系、时间占用等因素显著影响教师的工作满意度。NCES 的报告指出，与教师工作满意度联系密切的工作条件包括行政支持与领导、良好的学生行为、积极的学校气氛和教师拥有的自主权等。此外，工作压力、教师对学生的印象和学生的学识对教师的工作满意度也有着重要的影响。国内关于教师工作满意度的研究始于 20 世纪 90 年代。陈云英、孙绍邦研究表明，教师在工作性质、职业投入感及人际关系上的满意度较高，而在薪水、领导管理、进修提升和物质条件等因素上满意度较低；袁立新发现，中学教师对工作本身、校长、同事的满意度较高，对收入和地位的满意度较低。陈卫旗研究表明，中学教师最关心的是收入与福利，其次是社会地位、学生素质、工作压力、社会认可、教育体制和社会环境，再次是领导与管理、工作条件、工作成就，最后是同事关系。绝大多数中年教师对人际、家庭、工作条件感到满意，对职称、成就比较不满意。宫火良的研究发现，高中教师在自我实现与发展、学校条件、同事和教学活动方面的满意度相对较高，在社会支持、工作强度和待遇方面的满意度相对较低。

上述关于教师工作满意度的研究，从不同的视角探讨了当前教师的工作满意度，以及对教师专业实践与专业发展的影响，但却未能重视对教师自我的主体性追问，都未能从价值、身份与角色等层面，透过社会、集体和个人，进一步探讨教师工作满意度与教师专业发展的内在关联性和外部影响因子。事实上，教师的工作满意度是教师对其工作与所从事专业以及工作条件与状况的一种总体的、带有情绪色彩的感受与看法。工作满意感与提高教师工作成绩、积极的工作评价、强烈的动机、减少倦怠以及增进职业幸福都有密切的联系。教师专业发展中的自我认同关系到专业意义感、身份感、归属感，自豪感、羞愧感和角色观等的获得，与教师的工作满意度有着密不可分的内在关联。合理认同视域下的教师专业发展，强调对教师专业自我的反思性生成，它不仅体现在精神层面的动力特征，也会反映到教师的专业行为与工作状态之中。在教师专业发展的过程中，合理的认同能够有效地提升教师的工作满意度，而良好的工作满意度也有利于教师的专业发展。因此，我们可以通过相关心理学的研究方法，加强对教师工作满意度的进一步研究，进而来探讨教师自我的合理认同与专业发展。

③ 激发教师的创造性

教师的创造性就是教师在日常专业生活中，不断辨识自我、超越自我，努力达成自身不断发展与完善的过程。教师的创造性与教师个人的危机意识有关，与教师自我认同的危机有关。是教师自我认同的危机，是那种"我是谁"和"在哪里"的迷惑和疑问迫使教师在困境与劳碌中以创造性和创新意识来摆脱困境，在危机与困境中实现自我的意义与价值。换言之，只有在创造性中，教师才可以真正体验和塑造自己的专业发展。

教师创造性的激发并非朝夕可以完成，它需要我们进行全面的、大量的工作，具体而言：第一，我们需要为教师营造一个良好的外部环境，注重教师的创造性。社会与学校需要改变过去应试教育背景下的评价标准，重视教师创造性的劳动成果，提升教师积极的专业情意，增强教师的成就感、满意度，这就能够较好地激发教师的外部动力系统，较好地激发教师的创造性。第二，我们需要增强教师的创造意识，培养教师的创造能力。创造性就是一种打破常规的思维模式，就是要求我们打破旧有的、不合时宜的思维习惯。因此，对于教师的专业发展而言，我们要在思想意识层面，增强教师的创造意识，改变教师按部就班、因循守旧的教学思想。创造性的培养也非朝夕可以完成，我们需要通过教师的外部培训、外部的教师教育，以及教师自身的主动学习，不断提升教师创造性的能力与素养。第三，针对当前课程改革的背景，我们需要让教师真切地意识到创造性对于教师、对于学生、对于课程与教学的意义与价值。尽可能地帮助教师改正为改革而改革、为创造而创造的错误观点，帮助教师在创造性的教学实践中真切地促进自身的专业发展。第四，进一步深化关于教师创造性的研究课题，诸如教师创造性的特质理论、价值理论和方法论问题等等。这些方面的深入研究，对于教师自我的合理认同与专业发展都有着非常重要的意义与作用。

（2）在教师专业发展的过程中重视自我的积极调适

在自我合理认同的过程中，在自身专业发展的过程中，在烦琐劳碌的专业实践中，教师会遇到太多的危机、冲突与困惑，教师的心理承受着巨大的考验。在专业发展的过程中，我们需要重视教师焦虑、倦怠与压力等现实的心理困境，重视教师对专业发展中诸多认同危机的化解，重视教师积极的自我调适，从而在专业实践中促进教师的自我实现与自我超越。一般而言，焦虑会让教师感受到工作的压力和自我的不确定性。如果焦虑得不到很好的调适，进而会产生烦躁、苦恼、排斥与抵制等心理体验，这些会影响教师的工作状态，甚至会导致教师工作压力的加剧与职业倦怠的产生。当焦虑与压力侵袭而来时，教师需要进行积极合理的自我调适，否则就容易加剧教师的职业倦怠，导致教师工作满意度的降低。因此，在教师专业实践与专业发展的过程中，我们要促使教师能够有效地进行积极的心理调适，要促使教师能够在焦虑、压力与倦怠中保持良好的工作状态与情绪体验。

① 引导教师正确地面对焦虑

因为教学实践的复杂性、周期性与情境性，再加上统一化的评价标准与应试教育的压力，教师往往更容易在专业实践中产生焦虑的心态。焦虑是教师对自我的一种不确定性，适度的焦虑是教师专业发展的积极因素，可以促进教师积极的自我认同与专业发展。相反，过低或过高的焦虑则不利于教师的专业实践与专业发展。过低或没有焦虑，表示教师往往会丧失教学的热情与兴趣，表示教师消极的工作状态，这是一种消极的不合理认同。过高的或极端的焦虑，则意味着教师处于一种痛苦的专业体验之中，意味着教师的专业实践充满了压力与倦怠，甚至会造成教师对其专业实践与专业发展的放弃，这是一种积极的不合理认同。

焦虑是不可避免的，焦虑具有正负两个层面的功能，因此，我们需要帮助教师合理地审视自身的焦虑，帮助教师在自我生成的过程中确立自身的专业规划，使教师在一种确定性的心理体验中，合理地定位自身的专业发展目标与发展路径。而且，根据自身的专业经历与专业水平，教师也需要不断调适自身的专业规划，不断反思性地调整着自身的专业定位，使其能够反映"真实的自我"并且能够持续地增强自身发展的动力。此外，多种形式与手段的心理咨询或心理干预，对于调节教师的焦虑也具有重要的作用与影响。

② 促进教师积极地调适压力

"没有压力就没有动力"这句话在适度的范围内是有道理的。在适度压力面前经常会激发教师的内在潜能，激发教师专业发展的内在动力。因此，我们需要促进教师积极地调节自身的工作压力。在压力面前，教师要保持一种积极的态度与情绪，教师要学会一分为二地进行自我压力管理。当没有工作压力时，提高自身的专业发展目标，学会自我增压。当压力很大时，理性地审视教学实践中存在的问题，并且学会自我合理宣泄。从学校层面而言，我们可以通过制度设计、评价导向以及舆论气氛来调控教师的工作压力，尽可能地避免教师过重的工作压力，这对于教师创造性的激发也是非常重要的。诸如，学校可以定期地召开教师的"诉苦会"，调控学校的"安全阀"，学校可以设置"宣泄室"，改善教师的娱乐设施等，学校还可以多组织教师间的交流与活动，在一种积极的、向上的气氛中，促进学校共同体的建设；从教师个体层面而言，我们需要使教师学会与压力共存，并学会积极地调适压力。诸如，教师可以通过倾诉、宣泄等方式来舒缓自身的工作压力，教师还可以借助写日记、写博客、体育锻炼以及听、唱音乐等方式，调适自身的工作压力。这些方式与手段，也比较有利于教师形成积极的自我体验，激发其专业实践与专业发展的动力。

③ 帮助教师有效地克服倦怠

倦怠是一种心理综合征，是发生在与其他人一起工作的个体身上的情绪衰竭、人格解体和个人成就感降低。倦怠影响教师的心理健康，以及专业实践与专业发展。影响教师职业倦怠的因素很多，主要集中在背景因素、组织因素和个体因素上。教师的倦怠与教师的认同危机，以及教师的焦虑与工作压力，也都有着内在的联系，它涉及教师专业价值的意义丧失、教师身份的归属缺失及教师角色的诸多冲突。因此，教师倦怠的克服及化解，需要社会、学校与教师对其专业价值、身份与角色进行合理认同，需要教师自我与他人之间的有效协商；教师倦怠的克服及化解，需要有效地疏通教师的各种消极情绪体验，诸如过低或过高的焦虑与压力等，需要有效地增强教师的各种积极情绪体验，诸如良好的满意度、归属感、意义感等；教师倦怠的克服及化解，需要尊重和满足教师的合理需求，从而激发教师内在的动力系统，促进教师的专业发展。

第二节 高校教师专业发展的自我构建

促进教师专业发展是当前教师教育的重要任务。教师实现个体专业发展不仅依赖于外在环境的支持，更依赖于其认识发生的内在机制——自我建构。本节提出了教师专业发展中"自我建构"的具体内涵与表征，并从发生认识论的视角勾画和描述了教师"自我建构"的微过程：教育信息选择→教育信息分析与解构→教师对信息的重构→教育实践基础上的信息重构，最终实现教师教育认知的形成。文章在论述教师"自我建构"过程时，突出强调了其个体差异性和建构性，并在此基础上，进一步从过程的意义上论述了教师"自我建构"对于教师专业发展的意义：实现教师知识发展、激发教师积极的教育情感、促进教师专业持续发展。

教师是决定教育改革成败的关键因素之一，促进教师专业发展是世界各国发展教育的根本选择。教师如何实现自己的专业发展呢？研究者在影响教师专业发展的内外环境上已经做了很多有益的探索，但影响因素对于教师专业发展而言，仅仅是一种静态的存在，并不能预示教师在特定的内外环境下必然实现其专业发展。真正促进教师专业发展的是教师个体认识的生成机制——自我建构，它是教师专业发展的关键。

一、教师专业发展中的"自我建构"释义

（一）教师专业发展中的"自我建构"

在建构主义者视界中，"建构"意指主体和客体在相互作用过程中发生的"生成"式的活动。比如，皮亚杰认为儿童的"认知结构"是不断建构的结果，主体在与客体的相互作用中，以"同化"和"顺应"的方式不断建构"认知结构"。维果斯基则把知识习得看作是主体在社会交往中建构的结果。

"自我建构"作为一种建构活动，依然意味着相互作用，只不过它是一种基于"自我（主体）"的相互作用，其目的是实现"自我"认识的发展。H. R. Markus 曾把"自我建构"看成是个体在自我和周围世界的交往中对自我进行"认识"的活动。福柯认为，"自我建构"是作为主体的"自我"通过规训权力和自我技术来实现"自我"的塑造。可见，教师的"自我建构"是教师基于教育实践对"作为教师"的"自我"进行建构的活动。

教师专业发展是教师教育的永恒主题，这意味着"教师的专业成长或教师内在专业结构不断更新、演进和丰富"。这种更新、演进和丰富既是一种必然，也是一种要求。教师的"自我建构"作为一种促进教师认识发展的活动，对教师专业发展具有重要意义。与教师专业发展相联系，教师的"自我建构"是指教师在教育教学实践中对自己已有的教育知识、教育情感、教育技能等进行觉知、审视和重构的活动。"觉知、审视和重构"是教师对其教育认知的积极整合，它通常表现为教师以自我实践为基础对外在教育信息实施分析与判断，并进而产生"新的教育认知"。

教师的"自我建构"不仅赋予了教育活动强烈的个人意义，而且使教师在面临复杂的教育情境时能主动调节教育行为，保障教育活动质量，同时可以拓展教师的教育认知，实现其专业素养的发展。

（二）教师专业发展中"自我建构"的主要表征

教师在教育活动中的"自我构建"主要表现在教师对自己已有教育知识、教育策略和教育技能等进行的主动和个性化的加工。

教育知识，通常认为是能够影响教师教学行为和效果、促进学生身心发展的全部知识。它是教师进行教育教学活动所必备的，是教师教育教学观念和行为生成的基础。学科教学知识和教育理论知识是最基本的两大部分。这些知识在进入教师教学活动之时，通常要经历教师的"建构"，而这种建构带有明显的个性特征，致使教学过程中

"教师的学科教学知识，具有个人化的特质，并且和教师个人的情意及个性有相当大的关系"。教师对教育理论知识的构建也呈现"个性化"的特征，因为"知识不可能以实体的形式存在于具体个体之外，尽管我们通过语言符号赋予了知识一定的外在形式，甚至这些命题还得到了较普遍的认可，但这并不意味着学习者会对这些命题有同样的理解"。教师对教育理论知识的理解还依赖于教师的经验背景及教育教学实践的具体情境。[①]

教育策略是教师在教育活动过程中，为达到一定教育目的而采取的一系列相对系统的行为。它是一种特殊的程序性知识，教育策略的获得需要遵从程序性知识习得的基本步骤：第一步是条件认知，即习得教育规则（比如选择教育方法、设计教学方案的原则或规则等）；第二步是操作，即习得具体程序。教师对教育策略的习得主要是借助于个体教育实践活动。教师在实践中对教育策略的选择、决策以及结果的认同因其个性特质而不同。相同的策略认知未必会带来相同的策略习得，就像魏书生的教学法也只有在魏书生的教育世界里才能生成特定的成效。相同策略的差异习得体现了教师对教育策略的"自我建构"。

教育技能是教师在教育教学观念下形成的系统的操作方式，其形成会受到教育观念、教育实践方式和教师个性等因素的影响。教师"自我建构"使其在教育活动中不断地反思、审视并重构着教育技能，因为"教学技能总是与特殊的、具体的情境有关，并且和环境中各因素交互地发生作用"。艾里克森等人1994年研究"专家表现"时发现，专家在面对问题时，不是完善已有的技能，而是对问题进行战略性重构，通过形成新的技能和方法来解决。事实上，优秀的教师之所以优秀就是因为他们运用的技能从来都是"自己"的，是经过自己建构和加工的富有显著个性的技能。

二、教师"自我建构"的过程

从发生认识论的角度来讲，教师在教育活动中的"自我建构"是其作为认识主体，对作为客体的"教育"施加某种行为，审视和重构自己已有的教育知识、情感和技能，以形成"教育认知"的活动。"教育认知"是教师不断进行"自我建构"的结果。皮亚杰在论及知识的产生时，强调"知识是不断构造的结果，因为在每一次理解中，总有一定程度的发明被包含在内，从一个阶段向另一个阶段过渡，总是以一些新结构的形成为标志"。对于教师而言，所谓的"新结构"其本质上就是教师教育知识的产生。

教师"自我建构"过程中，教师个体因素的参与是非常重要的，因为教师总是以自己已经具有的结构去选择、处理输入系统，形成输出系统。同时教师又在以自己内在的思维结构分解、过滤，转化着自在客体，建构成观念的客体。教师的"自我建

① 曹鸿飞. 地方本科高校转型重塑的路径选择［M］. 天津：天津科学技术出版社，2018.

构"，其直接结果是个体教育认知的形成。

（一）教师"自我建构"过程分析

在教师专业发展中，"自我建构"是一个不断往复的循环过程，每一个循环都意味着教师专业素养的阶段提升。在此无限循环中，我们可以截取其基本单元进行探究。教师在教育活动中的"自我建构"基本上由两个微过程构成。第一个微过程：从教育信息的输入到信息的分析与解构；第二个微过程：从信息的分析与解构到信息重构与再构（教育认知的形成）。教师"自我建构"整个过程的具体内容与关系。

第一个微过程中，来自于不同方面的教育信息在进入教师意识领域时经过了"选择性滤镜"。人类对信息的注意和意识选择是有条件的。研究表明，人格特征、情景相关、任务特点及兴趣刺激都会影响主体对信息的注意与选择。"选择性滤镜"实现的就是作为认识主体的教师对来自于理论或实践的大量教育信息选择和过滤的功能，是教师教育背景、生活经历及已有认知的组合体。在教师的"自我建构"过程中，"选择性滤镜"使教师在面对周围繁杂的教育认识、教育模式和教育事件时，能够自动地区分、选择教育信息进入其意识范畴。

教师对进入其意识领域的信息会进行"分析与解构"。在这个过程中，"教师对信息进行有意义的选择"赋予了教育信息极强的个人价值与个人需求。"有意义的选择"同时也是教师个体承载的文化选择，因为"意义本身就是一种依靠此前出现的共享符号系统的文化调节"。教师"个人知识""经验"和"思维方式"是其个体文化的表征元素，它们从不同的方面对教育信息进行解读与解构，构成"自我认知"的基础。教师已有的"个人知识"和"经验"影响着对教育信息的描述和解读，观察者在观看物体时的视觉经验，部分依赖于他过去的经验、知识和期望。教师通过一定的"思维方式"处理和加工教育信息，教师个体"思维方式"是具有差异和惯常性的，不同的惯常思维方式对相同教育信息的处理会有所不同。经过教师个人分析与解构的教育信息，表现为教师能够理解的普遍概念、共同话语、思维框架等思维借以展开建构的原始材料。

第二个微过程中，教师的"自我建构"将完成从"教育信息"到"教育认知"的飞跃性转变，这个转变发生在"信息重构"和"信息再构"过程中。

教师的"自我建构"是教师个体教育认识的发生发展过程，必然带来教师对教育的个性化认知、理解，体现为教师独特的教育理念、教育方法以及个性化的教育操作模式。把外部信息内化、整合为自我认知，需要经过教师的思维加工，以概念、判断、推理等形式抽象为自我话语体系中的认知因子。教师自我话语体系中教育认知的产生，依赖于教师对分析与解构后的教育信息施予的"作用"。皮亚杰认为，认识一个客体意味着必须作用于它，通过移动、连接、组合、拆散和再聚拢等构造转化系统来改变它。"信息重构"和"信息再构"因其蕴含着"简单抽象"和"反省抽象"活动而成为教师"自我建构"的关键。

　　"信息重构"不但是初次建构，还是教师通过对教育信息的比较、辨别、概括等思维加工而形成"新信息结构"的过程。"比较"，是认识主体分析研究对象之间共同点或不同点的信息加工方式。教师在"信息重构"中的"比较"是把外在的教育信息与自己的教育教学实践相联系，试图寻找教育信息与自我实践的联结点。它可以是以教育信息为基础对自我实践的再认识，也可以是以自我实践为基础对教育信息的评价。教师的"比较"行为通常表现为获取教育信息的过程中主动地联想自己的教育教学情境。当然，与教育信息相似情境出现的概率比较高。"辨别"是教师在对教育信息与自我实践比较的基础上，进一步对二者进行区分，以能明确地区分异同为标志。在这个思维加工层次，教师能够清晰地辨别出教育信息与自我教育实践的异同，甚至能够明了教育信息对于自我教育教学实践的意义，比如：教师能辨别出哪些具体的教育信息在自己的教育教学实践中可以"嫁接"，哪些教育策略可以"移植"等等。"概括"是一个综合的思维活动，它可以表现为两种不同层次的综合：一是对外在教育信息的归纳与整合，即把一些零散的教育信息通过归纳而抽象成一个整体认知。比如，教师在听课后能明确而清晰地表述该课堂的特点。二是"转换"，即在对教育信息与自我教育教学实践进行比较、辨别、归纳的基础上提出自己的看法或认识。"转换"实现的不仅是渐进的累积的变化，更重要的是它还带来"结构的变化"。"转换"之后，教师通常会形成某些独特的教育认知。

　　"信息再构"是深层建构，有别于"信息重构"之处是"实践"的参与及基于实践的思维加工。当教师完成初次建构，形成一些独特、个性的教育认知，就会外化为教育教学实践操作。面对真实的教育任务和场景，教师的教育认知会以方案（策略）的方式呈现，并通过其具体的实施行为转化为教育教学过程及其结果。"实践"是"信息再构"的关键。教师在真实的教育教学实践情境中实现"策略"的设计与实施，在不断往复的"实践"循环中生成逐步稳定的个人教育教学技能。"实践"本身还承载着丰富的个人教育信息。教师把教育认知通过教育教学策略外化为活动之际，其表现出来的各种现象对于教师此刻的"认知结构"而言，又成为一种"外在的教育信息"。同"信息重构"一样，教师对产生于实践中的"教育信息"依然通过比较、辨别、概括等思维方式进行加工，只不过这里的比较对象是"自己的过去"和"自己的现在"。

　　在与他人和环境的相互作用中，如果学习者想把复杂的信息变成他们自己的，就必须发现和转化这些信息。教师在"自我建构"中通过比较、辨别、概括等思维加工和实践形式实现了"教育信息"向教师个人教育认知的转化。教师独特的教育认识、教育策略及教育技能就是在这不断往复的"信息重构"和"信息再构"中逐渐获得的。教师"自我建构"的连续性促使教师教育认知的"丰富化"和"结构化"产生渐变。

（二）教师"自我建构"过程中的两个重要问题

在教师"自我建构"过程中，有两个重要问题需要予以关注，一个是重视"自我建构"中的个体差异，另一个是要认识到"自我建构"的关键是"信息重构"和"信息再构"。

1. 教师"自我建构"中的个体差异

教育活动中，教师"自我构建"过程的每一个环节都离不开教师个体因素的参与。信息选择依赖于教师个体知识、背景与倾向，信息分析与解构依托于个体知识与思维的参与，信息重构与再构必然借助于个体的认同或批判。显而易见，教师个体因素是其在教育活动中实现"自我构建"的重要本体。教师在个体诸多因素的参与下所完成的"自我建构"会映射在教师个体实践知识、教学风格等差异上。教师个体实践知识是教师个体在特定教育教学情境中的行动和反思所建构而成的，个体性特征一般比较显著。对教师实践性知识的研究表明，教师性别、教龄、学历、职称等个人因素对其实践知识的结构、提升途径等都有显著影响。通过对女性语文名师教学风格研究发现，女性教学名师在语文教学上整体体现出真、情、细、美的特点，即女性语文教师感性细腻、善于以"情"来构建唯美课堂。可以说，教师的"自我建构"是独特的、有差别的自我建构。

2. 教师"自我建构"的关键是"信息重构"和"信息再构"

教师在教育活动中"自我建构"的关键环节是"信息重构"和"信息再构"。它们所实现的是外在信息向自我认识的转变。教师在教育教学活动中只有生成自己的教育认识，才能使自己的教育教学具有某种特性。譬如，著名语文教师钱梦龙和魏书生，他们的教学同样卓有成效，但他们的课堂却呈现出截然不同的特点：钱梦龙的课堂以"训练"为主线，在不同的课型上训练学生的自读能力、审题能力、质疑能力和评析能力；魏书生的课堂以"管理"为基点，用不管班、不讲课、不留作业、不批作业、不考试等形式实现学生的学习自治。究其根本，两位教师对"语文教学"的认知是不同的：钱梦龙认为语文教学要通过训练给予学生掌握语言与工具的能力；魏书生则没有聚焦于语文学科，而是从学生学习发生的角度构建语文教学活动过程，他以"民主"激发学生语文学习主动性和积极性，以"科学"指导学生的学法和自己的教法。显然，教师能否在教育教学活动中建构自己独特的教育认知对其教育特色的形成至关重要。

在教师的"自我构建"过程中，"反思"是实现建构的前提。"反思"与"建构"是两个相对的思维过程，"反思"是否定与批判，"建构"是整合与形成。没有"反思"的参与，就谈不上"建构"。但教师"自我建构"的核心是教师对教育信息的思维加工和"实践"活动，尤其是教师的"概括"思维；教师只有通过"概括"把教育信息"转换"为自我教育认知，才能真正影响教育教学实践。"实践"是教师"自我建构"中非常重要的一个环节，教师的教育策略、教育技能只有通过"实践"才能实现建构，教育知识的丰富与修正同样依赖于"实践"。教师在教育教学活动中"自我建构"的水平决定了教师专业发展程度。优秀教师之所以优秀，很大程度上是他们在自己教育实践过程中不断地对各种教育信息进行比较、辨别，对自己或他人的经验和实践进行归纳、概括，形成了独特的、合规律的教育认知。

三、"自我建构"与教师专业发展

教师专业发展是教师专业内在结构发生变化的过程，包括教师个体的专业知识、专业技能、专业情意及专业价值观和专业发展意识等内容。在对教师专业发展的讨论中，有一个倾向越来越明显：教师专业发展要关注其主体性和个体性。自我专业发展需要与意识对教师专业发展意义重大，它促使教师把自身的发展当作认识和实践的对象，构建自己的内部世界，成为自己发展的主体。教师专业发展的需求赋予教师"学习者"的期望与要求，促使其在教育教学实践中不断地建构自己的理解，不断用自己已有的知识结构、经验、信念和实践塑造着教育理论的意义，不断地通过相应的思维活动改组与重建着自己新的知识结构。"自我建构"过程中，教师个体对外部信息进行选择、解构、实践、反思；在"信息再构"中实现自我的知性自觉及自我认识的个性建构。教师的教育知识、教育技能、教育情意以及教育价值观念在其对自我的解构与建构中得以发展和深化。

（一）教师的"自我建构"是教师知识发展的重要途径

"自我建构"是教师专业知识获得发展的重要途径和其专业素养提升的坚实基础。教师"知识发展"是教师经验外化与抽象化的结果，是其"知而不能言"的隐性知识向规范、系统及能够用概念、定理、原则等表述的显性知识的转化。教师在教育活动中的"自我建构"本质上是在其个人领域实现对教育实践的认识进行编码、格式化和结构化，使其形成的自我认知进一步系统化和逻辑化的过程。这一过程包含了定义知识的三个重要因素：信念、真实、证实，信念是指知识必须是认识主体能够把握的（相信的）；真实是指知识必须蕴含真的信念；证实意指知识必须有充分的理由或根据。教师在教育活动中构建而成的自我认知，是以教师个体的知识、经验为基础，经历其反思、实践活动而被证实了的"信念"，而且，教师的"自我建构"直接指向教育活动，它以教学实践效果为衡量标准，因此，其形成的认知必然蕴含着"真实"。教师"自我建构"中"信息再构"的每一个循环都实现着教师"知识"的发展与飞跃。

（二）教师的"自我建构"是教师专业持续发展的动力

教师专业发展是教师内在结构均衡而持续的发展。教师专业发展不是让教师获得一套固定的教学技能和学会运用特定的教学方案，而是让教师对复杂的教育教学情形有深刻的理解，进而在更高层次上重新发现问题和解决问题。教师在教育活动中通过"自我建构"获得的自我认知是一种实践上的理性，包含着"真实"的信念。作为一种相对的过程，它又会推动教师理性的实践。对专家教师的研究表明，专家教师和一般教师的区别在于：他们注重持续地学习、教学反思和基于教学问题的研究和建构，即开展理性实践。教师在"自我建构"中获得的实践理性和理性实践，促使教师丰富深化教育教学的认识和视野，帮助教师把感性的、分散的经验上升为理论，提高教师教育教学的自觉性、逻辑性和理论性。一位特级教师分析自我成长的促进因素时，强调通过对自己原有的态度、认知与行为方式的解构和重构，将其转化为一种新的态度、情感、观念或教学策略等，内化为其职业素质有机组成部分的重要性，意即"自我建构"是推动其专业发展的持续动力。

（三）教师的"自我建构"潜在地促进了教师积极情感的发展

教师的积极情感是指教师具有对其专业发展或教育教学活动的开展起促进作用的情感。比如，对教育活动的热爱、教育问题的主动探究以及对教师职业的认同等都体现了教师的积极情感。心理学研究表明，情绪情感在问题求解中能提供情境评估及为应采取的行动提供准备。因此，某种程度上情感可以成为行为的动力，它可以有效地引发教师学习教育理论、研究教育问题以及积极开展教育实践。教师的深层思维活动同样离不开积极情感。

教师"自我建构"与其积极情感的发展是互动的。教师的积极情感促使教师更加主动地对外在的信息进行深层加工，让教师思维在教育实践中始终处于活跃状态：在批判和反思的基础上积极建构自我教育认知体系的概念、规则、原理。教师"自我建构"本身隐含了教师积极情感的投入。教师积极情感在其"自我建构"过程中同样获得了发展。任何情感都以相应的认知为前提。教师在教育活动中的"自我建构"极具情境性和个体性，所形成的"自我认知"更易于为教师所接受和体悟；基于对教育或教学活动认知的深入，教师的职业认同感与职业荣誉感较容易形成。同时，教师实践"自我认知"时体验到的欣喜、自信等积极情感，在"自我建构"过程中又会转化为推动教师实践"自我认知"的积极力量。①

---

① 孙支南，黄伟群. 高校基层党支部工作指南［M］. 广州：广东高等上海教育出版社，2018.

第三节　高校教师专业发展的自我审视

一、对教师专业定位的自省

从事教师职业，就要对教师专业角色与定位进行自我省思和自觉体认。即在教师专业发展进程中不断思考："教师是什么？"

面对这一本质的、终极的命题追问，我们不妨先做一下类比性的排除。首先，教师不是清洁工与清道夫。他们并不是在做人类垃圾的清理工作，也不能清除社会上所有的丑恶现象。其次，教师不是批发商或售货员。他们不是要将受教育者分成三六九等，根据不同的分数段或消费层，将知识进行"批发"或"零售"，推销出去。再次，教师不是行政长官。他们不能以下达行政命令的方式，获得一呼百应的效果；也不是照章执行、上传下达、收发传递即可完事大吉。最后，教师不是"大款"或"明星"。他们不能靠"等价交换"获得"最大收益"，或凭借展示个人风采，赢得轰动效应。

其实，无论社会如何发展变化，为整个社会所尊重的教师群体的功能内涵并没有改变，那就是帮助一代又一代学生成长、成熟、成人，由无知向有知，由自然人向社会人，由单纯的生理生命向有思想、有理性、有责任、有追求的精神生命实现完美的过渡。因此，"传道、授业、解惑"依然是教师职责的真谛。尽管伴随着时代的发展，其内容、形式与要求有所变化，但"教书育人""言为人师""行为世范"依然是教师恪守的行为准则。从"业师"到"人师"直至"大师"。

二、教师如何促进自身专业成长

（一）从学生身上寻找专业智慧之源

教师智慧的源泉，更多地来自于教师与学生思维的碰撞，来自于学生鲜活而无拘无束的心灵律动。无论成功还是失败，无论愉悦还是困惑，教育教学规律、教学经验与方法，恰源于其中；捕捉之、发掘之、因势利导之、总结升华之，正是教师提升专业智慧的有效途径之一。师生共同跨越自我，教与学双方共同实现智慧与创造力的充分释放。

（二）从同伴身上获得专业合作之基

现代教师的专业发展，不仅取决于个人的专业能力，也不只需要师生互动的智慧，还需要教师团队的整体合作。为实现受教育者的知识、能力、情感、态度的全面发展，相同学科与不同学科、同一年级与不同年级的教师，需要合作施教、协商探讨，在合作中，促成教师个体专业境界的提升。

（三）从学校文化中获得专业持续发展之本

犹如和谐的大自然中物种生命与生态环境的和谐共生一样，教师个人专业发展与学校组织文化也是相互依存、相互促进、和谐共生的。校园文化的根本即"人的全面发展"。学校文化氛围的营造，有赖于每一位成员的积极参与、主动设计和身体力行。

当然，超越对教师是一种挑战，教师必须有足够的勇气正视挑战、敢于尝试、接受失败。例如：我校一些教师参与的信息技术与学科整合的课题，就是一个具有突破性的科研活动，参加者付出的艰辛在目前可能还看不到什么明显的成果，但不实验、不实践、不摸索，就不会有突破。这种自我挑战本身就是教师专业发展的突破。教师就是在这样的学校文化氛围中获得专业发展的。

第四节　高校教师专业发展的自我评价

随着当前基础教育课程改革的不断深入，教师的专业发展日益受到重视。如何通过教育评价来促进教师专业发展呢？作为教师评价中重要组成部分的教师自我评价，由于其自身具有调动教师专业发展积极性的优势，值得仔细探讨。

一、对于教师自我评价的理解

教师自我评价，是指教师通过自我认识，进行自我分析，从而达到自我提高的过程。它首先需要教师具有一定的自我认识能力，包括对自己的教学工作、专业水准、人际关系等多方面的素质和能力有所认识，尤其要充分认识到自己的能力缺陷以及工作中存在的问题。此外，还需要有一定的自我分析能力，分析自己的不足和存在问题的原因；最后才有可能找到实现自我提高的途径。

通过自我评价，评价对象由被动接受评价变为主动参评，这有利于发挥其主体作用，形成自律机制和激励机制。因此，高校应将教师的自我评价作为其自我认识、自我改进、自我管理、自我完善的重要环节和手段。积极采取自我评价，一方面能增强教师的自我激励作用；另一方面，也能大大提高评价的民主性，增进评价内容的客观真实性。绝大多数教师会因为受到尊重和信任而客观、公正地评价和分析自己的工作。

在教师自评中，有时也会由于教师的一些恐惧和担心而出现误差。根据特勒和克利夫特的研究，教师的担心和惧怕主要体现在：①担心和惧怕不再被领导、同事、学生、学生家长信任；②担心和惧怕教师评价的结果成为降级、转岗、解聘等的依据；③担心和惧怕被人歧视或误解；④担心教师评价过程是一个不愉快的过程，是一个担惊受怕或受到威胁的过程。因而，教师自评有必要和其他评价方式结合起来综合分析。

二、教师自我评价有助于促进教师的专业发展

（一）教师自我评价是教师专业提高的根本动力

现代心理学研究表明，内部动机比外部刺激具有更持续的作用。自我评价作为一种自我发展的动力机制，对于教师的发展来说，是教师专业提高的根本动力。工作多年的教师都积淀了一定的教育教学思想，基本上形成了自己的教学行为习惯。但其如果不重视内在理论的反思，那么课堂教学就只能是依据经验、凭借惯性运作之事，教师也就只能成为教材、教参、标准答案的传声筒。因此，教师的自我意识、自我反思等都可以从根本上促使教师去主动学习，获得专业发展。

（二）教师自我评价有助于培养教师自身专业发展的教育理念

素质教育的重要目标之一是要培养学生积极的自我意识。要培养具有积极自我意识的学生，则首先必须培养具有新时期教育理念的教师。而我们的评价中，强调教师进行自我评价，则正是培养教师教育理念的一种途径。因为只有当教育理论内化为教育理念时，教师获得的就不只是教育知识和教学技能，而是关于教育活动的思想倾向、态度，充满着教师的意志、情感和愿望。正因为如此，教育理念是以内隐的个人知识渗透于教师全部生活中的人格特征，是教师对自我人生的整体性把握。教育理念能给教师提供强大的信仰力量，从而使之成为教师自身所拥有的引导自我走出困境的不可或缺的内在精神力量；也能引导教师将自己所有的生命能量投入教育理想的追求中以拓展更大的创造空间，进而获得职业生活的乐趣和尊严。

三、有效开展教师自我评价的策略

教师在进行自我评价时，由于某些担心或恐惧可能对自己的评价过高或者过低。为此，学校管理者应针对教师自我评价时可能会出现的问题采取一些策略，这些策略主要包括：

（一）培养教师自我反思的习惯

"人贵有自知之明"，只有教师更了解自己的实际问题，才能为自己的成长负责。而教师的自我反思是教师专业发展和自我成长的核心要素，因此在评价时注重调动教师积极的自我反思与实践，使其以主体身份投入其中，让他们在反思中不断更新教育教学观念，完善教学行为和提高教学能力，提升自己的素质。

（二）研制可操作的教师自评标准并对教师加以指导

教师自我评价能力的提高，一方面有赖于教师自我评价观念的更新，另一方面，也有赖于学校管理部门为教师进行自我评价加以指导。在开发教师自评指标体系时，对影响教学结果的有关因素进行评价可能比简单地评价教学的结果来得更为有效。因此，学校应将自评的指标集中在影响教学效果的因素上。评价方案应力求简捷、可行，能反映测评系统的主要方面和重要方面即可，切忌面面俱到，造成教师的心理压力，使得教师无所适从，缺乏信心，难以发挥其教学特色和独创性。同时，学校应该提供必要的教师自我评价指导。教学评价是一门科学，评价工作是一项专业性很强的工作。教师不但要有深厚的专业知识，广博的文化素养，还应有一定的评价理论基础，只有这样才能全面分析自己，了解自己的优点和不足，权衡得失。在自评前必须对教师进行自我评价的培训，使他们了解评价的目的、原则、指标等等，掌握必要的评价知识、评价方式和技能。

（三）尊重教师的教学风格

对于教师来讲，教育教学的过程，也是其不断构建、促进自我个性发展的过程。教师评价不能泯灭教师个性的差异，而应尊重教师的个性差异，并根据这种差异，确立个性化的评价标准、评价重点及相应的评价方法，有针对性地分析每位教师存在的问题，提出改进建议。只有这样，才能充分挖掘教师的潜能，发挥教师的特长，才能更好地促进教师的不断创新和专业发展。为此，学校除提出相对统一的评价标准外，还应有个性的成分，给教师留有空间以发挥其主动性和创造性，鼓励不同教学风格的涌现。提高教师自我评价的意识，营造自我评价的良好氛围和提高教师自我评价的能力，能够有力地促进教师专业素质的提高。

（四）注重教师的自评结果

学校管理者应及时帮助教师分析问题的原因，并有针对性地对解决问题的方法、措施提出建设性的意见，以使教师自评真正促进教师素质的提高。同时注意自评与他评的结合，通过共同参与取得思想上的统一，自评与他评达成共同的认识。注重教师的自评结果，并不是说将教师的自评结果完全同奖惩挂起钩来，而是说，当教师对自己评价后，对自身的定位和发展方向有了一个充分的认识后，尤其是发现了工作中存在的问题后，作为管理者应及时会同有关人员，积极帮助教师分析存在的问题及原因，并对解决问题的方法、措施提出建设性的意见，切实有效地落实，以使教师自评真正促进教师素质的提高，从而达到改进教育服务的目的。

第五节　高校教师专业发展的自我激励

教师的专业发展动机是影响教师专业发展进程及水平的内在核心因素。教师专业发展动机越强烈，意味着教师投入专业发展的热情越高，所做的努力越大，所能达到的专业水平也就越高。在教师专业发展中，良好的外部环境支持是必不可少的条件，教师本人是专业发展的主体，离开了发展的主体，即使付出再多的劳动也只能换来事倍功半的结果。因而，高校教师要善于进行自我调节，为自己的专业发展注入不竭的动力。

一、学会主动出击，寻求职业幸福感

一个人的生命价值就体现在他所从事的活动中。只有高校教师意识到自己的生命和学识投注到了学生身上从而找到了更恒久的安身立命之所时，他们才会看到，教师已不仅仅是一种职业，教书已不再是谋生的手段，而是个体生命存在的一种方式，一种使他人和自己都变得更加美好的生命存在方式。当教师从这个角度看待教师职业时，他们就会不再以单纯的责任来推动自我的发展，而是把发展作为自己生命活动的内容，内化为信念，而后再付诸行动中，这也就是敬业与乐业的区别。如果说，敬业是一种精神，乐业则是一种境界。高校教师只有把其从事的教育活动当作一种事业、一种境界加以追求，才能体悟到工作的乐趣，体验到职业幸福感。这是教师专业发展的长久内在动力。

在教师群体中，能够获得社会高度评价的教师可谓凤毛麟角，大部分教师将波澜不惊地走完自己的教学生涯。在社会还没有充分重视教师存在的价值和内心的真实感受时，高校教师不能被动坐等，有必要主动出击，去追求个人幸福的体验、情感的满足和生命价值的体现。否则，很容易出现职业倦怠。基于生命价值体现的教师专业发展更应该是"自为性"的。在大环境不改变的时候，只要有乐观向上、求真求美的梦想，个人就能汲取生命养分，得到快乐与幸福。尽管要求每一位教师都成为教师职业中的最出色者是不现实的，但要求每一个人不断完善自己则是可能的。因此，高校教师需要在工作中自觉地确立专业发展主体意识，成为具有自主选择、自主反思、自主建构、可持续发展的自主成长型教师，明确专业发展的生命价值，努力激发自身内在的积极要求、发展的需要和动机，不断地探索和进取，加强人格修养，将提高自身生命质量与追求作为实现教师职业人人生价值的自我超越。

二、学会自我欣赏，获取工作成就感

在工作中，很多教师因得不到领导的赏识而工作积极性就大打折扣，工作的成就感降低。这种需要领导赏识、外界认可的心理在每个教师身上都有不同程度的体现，尤其是刚参加工作不久的新手型教师。处于低成就感状态的教师，他们很少体验到工作的快乐，工作满意度较低，这势必会影响到他们专业发展的动力。然而，人类社会是一个庞大的生态体系，人既围于组织中，同时人自身又是一个最复杂的自组织系统。高校教师无论是作为自然人的物质生命还是作为社会人的精神生命，都是相当特殊的"自组织复杂性巨系统"，是各方面共同作用的结果。处于这个系统核心位置的是教师本人，他们个人的"自组织"是其专业发展最关键的影响因素。当教师个人系统与外界系统产生不平衡状态时，如果他们能够适应当前的环境，就可以形成一种新的内部组织系统，如果不能，就会发生紊乱。而出现哪一种情况，主要取决于教师个人。

因此，高校教师要想在富有挑战的专业发展中获得长足的进步，就要积极转变自身专业发展的动力系统，由外在的认可转化为内在的赏识，学会自我欣赏。自我欣赏是一种来自内心的力量，往往能激发教师更多的潜能，使教师获得更多的成功，它对教师专业发展行为的激励作用是非常强大且持久的。一个学会了自我欣赏的教师，在工作中，会努力从学生的一个微笑、一次关心中寻求自己的价值，哪怕是微不足道的，都会为此而感到高兴、满足，体验到较大的成就感。一个学会了自我欣赏的教师，会从不同的角度看待问题，重新定义工作中所遇到的不如意，从积极的角度去理解它们，并以此鞭策、激励自己，成为自己不断奋进的动力。一个学会了自我欣赏的教师，其会以乐观的态度面对生活中的坎坷，不过分苛求自己，永远给自己希望。

三、学会动态管理，增强自我效能感

教师自我效能感是教师对自己教育能力的知觉和判断，它影响着教师的行为动机。有着低效能感的教师在工作时常常怀疑自己的能力，不能恰当解决问题，不良的结果又进一步降低自我效能感，形成恶性循环；有着高效能感的教师则相信自己有能力做好工作，对生活的自控力强，常常设置较高层次的目标，尝试高难度的工作，并表现出较强的目标承诺，从而加快自身的专业发展。[①]

　　班杜拉认为，个人的成败经验是影响个体自我效能感形成的主要来源。一般来说，多次成功的经验可以提高教师的自我效能感。由于高校教育对象的特殊性和复杂性，高校教师的工作是一个任务繁重、事务繁杂的职业，许多事务性的工作牵扯了教师大量的时间和精力。在这种情况下，高校教师既承受着来自学生的压力，又有来自学校和教育系统的压力。虽说压力在某种程度上是工作的动力，但教师能承受的压力是有限的，如果教师感受到过度的压力时，就会产生消极的态度和行为，就会丧失发展的动力。与此相伴的另一种情况是，有些教师尤其是老教师，自恃经历了十几年的教育生涯，积累了较为丰富的教学经验，加之高职学生本身的特殊性，他们觉得自己已能驾轻就熟地应付日常的教育教学工作，心中的生存危机感不断消失，要么自我满足、故步自封，要么自甘平庸、不思进取。在这种心理状态下的教师，又怎能体验到工作的不断成功呢？

　　由此可见，作为具有主观能动性的高校教师，应学会动态地管理自己的专业发展行为，积极主动地调适自己的压力状态，尽量使自己保持最佳的心理状态：当压力繁重时学会自我减压，让自己保持轻松的心情，保持乐观的态度，更好地、有条不紊地组织自己的工作，使之更有效率；当压力不足时学会自我加压，为自己设定更高的目标或长远的理想，并对自己所选择的职业充满信心，不断发展自己的专业知识，提高自己的专业水平，从而使自己的工作能力更强。总之，高校教师要学会动态地管理自己，适度地调节自己所面临的工作状态，从而使自己保持较高的专业发展动力。

---

① 史仁民. 高校辅导员专业发展论 ［M］. 北京：中央编译出版社，2018.

第三章

新时代背景下高校教师职业道德建设

第一节　高校教师职业道德建设的教育基础

在《德意志意识形态》中，马克思提出，道德是由客观物质生活条件所决定，是阶级、经济等特定历史因素的产物，任何一种社会形态都有与之相对应道德要求，而它也总随着社会形态的进步不断发展。高校教师职业道德是社会道德的重要组成部分，同其他道德一样，它是社会物质生活条件的反映，是由一定的社会经济基础决定的社会意识形态。我国正处于社会主义现代化的建设过程中，这就决定了我们的教育必须为社会主义现代化建设服务，必须为培养社会主义经济建设各方面的人才服务。这要求高校教师应热爱祖国，忠诚党的教育，坚持全心全意人民服务的优良道德传统，坚持集体主义原则，为培养新时期社会主义事业的建设者和接班人贡献自己的一份力量。新时代下，我国的高等教育环境发生了巨大变化，加强高校教师职业道德建设具有重要的时代价值。广大教师只有在工作中反复实践，加深认识，才能使他们的职业道德意识逐渐升华，让高尚的职业品德得以形成。

一、高校教师职业道德建设的重要意义

（一）文化强国战略的重要保障

当今世界文化与社会、文化与经济、文化与政治相互交融，文化在综合国力竞争中的地位和作用日益突出。文化的力量，深深扎根于民族的创造力、生命力和凝聚力之中。教育是文化最主要的传播方式。建立学习型社会，加强对广大人民群众的学习教育，成为增强国际竞争力的重要方法和途径。高等教育是文化繁荣与复兴的主阵地，高校教师职业道德在建立学习型社会中负有重要的责任，并具有重要的作用。它要求

教师做到以下几点：一是，要坚持对人民群众进行社会主义的理想信念教育，弘扬社会主义核心价值观，使人民始终对中国特色社会主义事业抱有积极、科学的看法，用马克思主义的理论思想，为我们的民族伟大复兴事业保驾护航。二是，要坚持不懈地对学生进行爱国主义教育，弘扬和培育民族精神，丰富我们以爱国主义为核心的团结统一、热爱和平、勤劳勇敢、自强不息的伟大民族精神，并把它作为国民教育与文化建设的重要一环。三是，要对国民进行全面的科学文化教育，致力于形成"全民学习、终身学习的学习型社会"，促进人的全面发展，高校教师在这一进程中责无旁贷。国运兴衰，系于教育；教育振兴，教师有责。在学习型社会的建立中，在激烈的国际竞争环境下，广大教师必须以自己饱满的精神和良好的职业道德风貌，为国家的繁荣昌盛、社会的持续发展以及中华民族的伟大复兴，做出积极的贡献。

（二）提高全民族素质的根本需要

就目前而言，我国的国民素质在整体上还有待提高，在经济、技术等领域仍然面临着发达国家的压力，在思想道德建设和民主法制建设中还存在一些不容忽视的问题。因此，教育就变得越发重要。高校教师只有树立了高尚的职业道德理想，具备了高水平的职业道德素质，才能把大学生培养成为热爱社会主义、热爱祖国和人民，同时兼具艰苦奋斗、实事求是、独立思考、勇于创新精神的新型人才，才能把大学生培养成有理想、有文化、有道德、有纪律的社会主义"四有"新人。高等教育在全民素质提高上的作用，是其他法律法规和准则条例无法比拟的，必须重点从青年抓起，一代又一代高素质大学生的培养和成长，必然对全民族素质的提高起到积极促进作用。因此，加强高校教师职业道德建设，不仅能提高国家的科学文化水平，促进社会主义物质文明的建设，还是提高全民族、全社会思想道德水平的重要途径。高校教师职业道德，在提高国民与社会素质上所具有的重要作用，使得对它的建设与完善具有了更为深刻和长远的意义。

（三）高校教师队伍建设的价值引领

高校教师职业道德，是引导教师在利益面前做出正确选择的行为准则。在社会经济不断发展，开放步伐不断加大的今天。教师的工作、生活以及思想也必然受到各种各样的外部冲击，也会遇到个人利益与他人利益发生矛盾，甚至是个人利益与集体利益相冲突的情况。个人待遇的高与低、工作环境的好与坏、生活情调上的苦与乐等现实问题，极有可能会造成少数教师心理上的错位与不平衡。在高校校园中用金钱标准衡量师生之间、教师与家长之间的关系明显是不可取的，而高校教师职业道德规定了教师处理个人利益与集体利益、社会利益的道德原则，指明了教师在教育活动中应遵守的规范和要求，引导教师在教育过程中正确选择自己的行为。

它能有效地调整教师在教学过程中的关系，保证教育的顺利开展和各项任务的顺利完成。

二、高校教师职业道德建设存在的挑战

（一）社会环境变化的影响

新时代标志着中华民族迎来了从"富起来"到"强起来"的伟大飞跃，伴随着社会主义市场经济体制的不断完善，人民群众生活条件得到了巨大改善，社会多元利益主体格局逐步形成，人们的价值观念更趋多元，导致少部分人受不良思潮影响，思想道德滑坡问题开始显现，如以实现自身利益最大化的"利己主义"和极端个人主义思想慢慢抬头，使得一些"社会病变"日益显现。受复杂环境的影响，高校个别教师也慢慢用"拜金主义"的思想取代献身教育的理想情怀，不安心于本职工作，对于本职工作敷衍了事，造成自身社会责任感和道德意识遭受了不同程度的弱化。一些教师势必会降低对个人职业素质的要求，忽视自身职业道德的提升。这种思潮在校园中的扩散有违教育的内涵与本质，只会加剧社会丑恶现象在校园内部的恶化，进而影响国家未来一代人的价值取向。

（二）部分高校师德制度不健全

当前大多数的高校普遍把科研与教学成绩，即科研成果、论文的发表数量、承担的课题级别和数量等因素作为考核和评价教师的重点。作为教师是否优秀的衡量指标，教师职业道德方面的评价和考核"占比少""系数低"。如果缺乏健全的激励机制，就容易导致教师在教学和科研工作中，放松对自身职业道德培养的要求。这样的教师评价体系不仅不能引导教师道德的发展，还可能会把教师引向误区，成为放弃德行修养而仅仅固守"量化标准"的"道德平庸者"，导致教师职业道德的异化。

同时，相关的制度得不到强有力的执行与监督，也是高校教师职业道德制度有待健全和完善的表现。现阶段，高校师德制度缺少对已出台制度执行情况的监督，在具体落实上仍需加强，而科学有效的监督制度，对教师职业道德建设无疑具有正向促进作用。

（三）教师价值观的偏差

除了社会大环境和学校内部制度对师德建设有一定的影响外，还有一个重要的方面就是教师自身的影响。高校教师主要担负着培养社会主义新一代建设者和接班人的重任，肩负着振兴民族、促进社会发展的重要职业和使命。不管一个教师拥有多大的能力，有什么特殊的天赋，都必须以完成自己的责任与义务为前提，必须让自己的行为符合职业劳动的基本道德要求，否则他就不是一个合格的老师。要将社会要求的职业道德转化为自身的内在品质，使其职业道德意识升华并凝结为高尚的职业品格，必

须在平常的职业劳动中不断反复体验和履行，认识到它的重要性和必要性才能实现，这需要经过长时间的探索和积累。而现实中，部分高校教师既感受到来自社会和家庭的压力，又要同时肩负较重的教学与科研任务，致使部分教师职业的认同感不高，很难保持一个积极的心态去从事教师职业。如果不热爱教育这份工作，不能忠于这份事业，就很难做好本职工作，更难以形成职业荣誉感和自豪感。这种消极的职业态度与职业品行会直接影响着学生，这种影响不是有限和肤浅的，而是长期和深刻的，有时甚至会影响学生的一生。进入 21 世纪，高等教育改革进一步深化，不断向综合化的方向发展，这也对高校教师的职业技能提出了更高的要求。但教学中，部分教师对高等教育事业情感投入不多、创新意识不强，不重视探索与学习先进的教育思想和理念以及必要的学术前沿知识，不具备运用现代的教育观念、教学内容与方法的能力，简单地停留在照本宣科，这样很难与学生建立良好的双向互动关系，影响了课程教学效果。

三、加强高校教师职业道德建设的途径

（一）社会要营造良好氛围

教育是国家与民族的百年大计，是一个国家综合实力和国民素质的象征，在全社会营造一种尊重教师、崇尚教育的氛围，有利于加强高校教师职业道德的建设。学校与社会应给予高校教师在教育活动中有能充分施展自己才智的工作环境和工作条件，保证教师的完整人格，并使教师获得与自己所付出的劳动相符合的社会地位。政府和学校应举办各类"感恩教师"的活动，并在官网、官微等媒体上宣扬优秀师德典范，促使整个社会对高校教师职业的地位和作用有更深刻的理解，使全社会更加重视高等教育事业，更加尊重教师，为教育的发展及教师职业道德的提高，提供良好的社会环境和舆论氛围。社会的赞誉和褒奖，可以使高校教师更深刻地感受到在从事高等教育事业过程中的使命感以及获得社会认可时的成就感，这将成为推动他们去探索做好教育工作的动力，是促进他们理想人格形成的推动器，并有效促使教师将具体的职业活动与崇高的精神追求结合起来，把平凡的劳动与伟大的社会发展目标结合起来，进而认真履行职业道德义务，用自己的实际行动和贡献赢得社会的肯定。同时，社会舆论的监督，对高校教师职业道德建设也具有一定的规范作用，当教师的职业行为不符合教师职业道德要求时，来自于学生、家长、领导的负面评价，会给教师形成一定的压力，这些否定的言论会起到进一步规范教师职业道德行为的作用。

（二）学校要制定合理有效的考核评价与监督机制

在市场经济条件下，高校教师履行教育职责的同时，不能不考虑个人发展、经济收入、家庭需要、子女教育以及其他现实问题。教育不能回避市场规律，当前高校教

师职业道德建设必须研究个人功利与奉献精神的关系。整个社会都应消除"教师应当只讲奉献和付出，不谈回报"这种固有的思想。在知识经济历史时代，教师劳动是创造较高价值的劳动，理所应当获得经济及社会相应的回报。学校应该制定更具实效的高校教师职业道德考核评价机制，对于认真履行职业道德义务，用自身实际行动"为人民作表率，为社会正风气"的教师要给予薪酬上的奖励。对于涌现出的模范典型进行公开表彰，将师德作为教师考核、职称评定等方面的重要依据，并出台相应标准。同时在监察上，应设立全方位的高校教师职业道德监督体系，将各项职业道德建设制度落细、落实，加强学校纪检监察部门的"威慑力"，用以约束教师言行。同时加强学院的师德监督责任，将职业道德建设置于教学工作同等地位，作为重点工作来抓。当教师出现职业道德失范行为时，要给予一定的惩罚，使教师能正视错误，改正缺点。

（三）教师要明确自身责任，提升学习创新能力

大学教师的职业责任，如果简单说，就是教书育人。我国的高等教育目标是培养能够适应国际和国内环境变化的综合人才。这也是高校和教师的教学活动的重要目标。苏联教育家苏霍姆林斯基说过："恪守义务可以使人变得更高尚。教育者的任务，就在于使义务感成为自己纪律这个极其重要品质的核心，缺少了这种品质，学校就是不可想象的。"

教育本身与教师的职业密切相关。高校教师职业道德责任意识不是自发的，它需要经过教师职业道德的教育与训练才能产生，这也要求高校教师必须在充分理解其职业崇高性的基础上，能深刻认识到他们所从事的教育工作对国家与社会的重要意义，并对学生以及人民教育事业抱有一颗真诚的心。

同时加强高校教师职业道德建设，也要不断提升高校教师的职业能力。随着时代的快速发展，对于高校教师职业技能提出了更高的要求：第一，在当今时代，新技术、新知识不断涌现，与各学科相互融合，互相渗透。知识的发展表现出很强的综合性特征，促进了边缘学科和交叉学科的发展。对于高校教师来说，提高职业技能，用现代知识充实自己是他们必然的选择。只有不断学习研究，不断探索创新，不断扩大自己的知识面，才能跟上新时期教育发展的步伐。第二，随着许多科技的发展，专业也在不断创新和重制，学科和专业从基本结构到研究方法都出现了许多新特点，知识的创新性和批判性越来越鲜明。学科专业发展的这些新变化、新动向对高校教师的专业技能、教学能力提出了更高的要求，教师必须要掌握现代教育方法和手段，在教学改革和创新实践中提高自己的能力和智慧，加速从传统的灌输教育向以个人为主的自主学习方式变革，激发学生强烈的求知欲，促进他们自主学习和探索创新精神的养成。

"十年树木，百年树人"。教育是国家与民族的百年大计，是一个国家综合实力和国民素质的象征，它使智慧得到延续，文明生生不息。教师的工作是世界上极为神圣和崇高的职业劳动，它通过教育教学活动，向大学生传授历史上优秀的文明成果，培

养他们的创新意识和科学精神，塑造他们的道德人格和道德品质，使他们成为拥有广博知识和良好道德的优秀人才。新时代，高等教育活动的难度和复杂性更加突出，对教师的职业道德也提出了更高的要求。面对党"加快教育现代化、建设教育强国"的重大部署，高校教师正是肩负这一历史重任的中坚力量。因此，加强高校教师职业道德建设是现实的根本需要，必须从社会、学校、教师自身等多方面入手采取措施，努力实现教师职业道德建设的体系化与能力现代化。

第二节　高校教师职业道德建设的制度保障

一支好的师资队伍，是办学的根本。当前，在高校师资队伍建设中，普遍重视教师队伍的年龄、知识结构，学历、专业技术职务比例，学科带头人的选拔和业务培养，而对教师队伍的职业道德建设重视不够。在教师的职业道德建设中，重道德教化，而对制度建设重视不够。高校师德建设是一项艰巨而复杂的系统工程，它既要通过道德宣传和教育，又要从法律上、制度上、校规校纪上，加以规范和落实。笔者认为应根据新时期教育改革和发展对教师提出的要求，认真分析当前师德建设现状，将师德建设与加强教师队伍的其他各项建设有机结合起来，建立一套符合实际的师德规范和激励、考核、监督机制，只有将自律与他律有机结合起来，师德建设才能落到实处，才能为学校培养出"有理想、有道德、有文化、有纪律"的全面发展的合格人才。

一、良好师德的形成需要制度的保障

在师德建设中，道德教化（思想道德的宣传教育或思想政治工作等）是必不可少的。因为一个不明是非对错、不辨善恶美丑的行为主体，是不可能有好的道德意识和道德自觉性的，即使他并非故意作恶，但也有可能因无知而违背道德规范。然而，仅仅有道德教化也是不够的。因为一方面道德教化着眼于人的道德自律精神。人的道德自律精神不是与生俱来的，而是在后天的社会化过程中形成的。在道德社会化过程中，道德规范的遵守是以自我本性的必要节制为前提的，而人的本性具有无限膨胀的自然特性，如果没有一定的制度力量作为他律进行控制和调节，光靠个体的良心是很难遏制其自然本性的无限膨胀的。著名心理学家皮亚杰的研究认为：儿童是出于对"制定"道德律令的成人权威的敬畏才遵守道德规范的，而成人权威的确立又是以责罚为前提的——即信守道德才能避免各种不愉快的责罚（包括免受皮肉之苦）。儿童的道德成长过程其实也就是人的道德社会化过程的初始阶段。

如果我们把成人的权威看作是制度权威，把成人的责罚看作是制度责罚，那么皮

亚杰的研究就使我们不难理解制度调节对道德教化过程的意义。另一方面道德教化总是以假定的、理想的人性和道德图景为前提，虽然可以陶冶人的主观世界和提升人的精神境界，激励和引导现实的人们为实现超现实的理想目标和意义世界而努力，但它无法解决理想和现实的矛盾，只有理想的劝导不可能让每个人在现实的利益冲突面前保持崇高的道德。它对那些有较高道德责任感和较坚定的道德信念者是有效的，但对那些道德建设的逃避者、违规者、破坏者，它除了给予良心和道义上的谴责以外往往无能为力，不能保证社会道德规范的共同遵守。因此，要保证高校教师道德意识得到普遍养成和社会道德规范得到共同遵守，就必须在道德教化的基础上强化制度的约束，使高校教师的道德自觉得到制度的伦理关怀。完善高校教师道德建设的制度，意义在于通过制度的合理安排使各种复杂的社会利益关系得到正当解决，这是教师道德建设的前提和基础。马克思指出："人们奋斗所争取的一切，都同他们的利益有关。"

"正确理解的个人利益是整个道德的基础。"社会道德终究要依附于现实的经济关系和经济活动，人与人之间的利益关系是伦理道德得以存在和发展的基础和必要条件，内化为个人主观世界的道德秩序必须与现实生活中制度安排的社会经济、政治、文化及生活秩序相统一。如果个人主观的道德理想和价值判断得不到现实社会生活的制度支持，与现实生活的社会秩序是不协调的，甚至存在严重的冲突，那么原本崇高的理想信念和价值追求就会在不讲道义的利益纷争中消解。正如罗尔斯所说："离开制度的正当性来谈个人的道德修养和完善，甚至对个人提出各种严格的道德要求，那只是充当一个牧师的角色，即使个人真诚地相信和努力遵奉这些要求，也可能只是一个好牧师而已。"

高校教师道德建设中的制度对个体道德自觉的作用表现在两个方面：一是报善——它对个人的道德遵守给予制度上的支持和鼓励，使其道德行为得到物质和精神上的认可和满足；二是惩恶——它对个人违反道德的行为予以制度上的限制和制裁，使其为损害他人或社会公共利益的行为付出代价。如果说报善是一种携带和引领的努力，其结果是把人们引向道德与文明的金光大道，那么惩恶就是一种制止和纠错的手段，其结果是阻止人们不会与被引领的大道背道而驰。对于个体的道德自觉而言，这两种功能和作用都是不可或缺的。如果制度不报善，则无人愿向善；如果制度不惩恶，则无人会弃恶。所以，没有制度的引导和保障，高校教师要形成普遍的道德自觉是无法实现的。

二、如何确立高校教师道德建设的制度

（一）制定科学的师德规范

师德建设就是要根据教育改革和发展对教师提出的要求，通过教育和管理手段，规范教师行为，不断提高教师队伍的素质，打造一支政治素质良好、道德品质高尚、

业务精、教学质量过硬的教师队伍。首先，师德建设要有明确的目标要求。第一层次是基本的人格要求，教师首先应是一个合格的公民，要有一个公民应有的人格素质和道德水准，符合社会主义新时期公民的基本要求。第二层次是教师的职业标准要求，即教师应有高于一般公民的品质即教师的职业道德品质。第三层次是素质教育的要求，素质教育是培养全面发展的人，德育在其中具有核心地位，教师的师德要满足素质教育对教师的要求。其次，制定师德规范和评价要体现高等学校教育教学的规律和特点。一是体现规律性，要充分反映高等学校教育教学的规律；二是要体现层次性，要充分反映高等学校工作和高等学校教师工作的特点；三是要体现规定性，作为学校制定的规范，要有一定的权威性，用以规范教师的行为；四是要有可操作性，师德规范作为约束教师行为的准则，一定要简便易行。最后，师德规范和评价体系要具有规范、约束、激励和导向作用。师德规范的作用在于使广大教师按照道德原则和规范自觉地履行对社会、学校和学生应尽的责任和义务，激励广大教师追求理想的职业道德，进而达到不断完善自我和提升育人水准的目的。[①]

（二）将师德规范制度化

师德规范制度化的根本任务是要将高校教师最基本的道德原则和规范纳入制度建设的框架，把道德要求提升为制度要求，把主要依靠自我人格和道德力量来维系的行为自律转化为主要依靠制度强制力来保证的社会约束。

1. 高校对教师道德建设要有明确的制度要求

根据相关法律对教师职业道德的明确要求，制订科学、有效、可行的师德建设工作条例、师德建设实施细则、教师教学工作规范、教师学术道德规范等规定，明确教师的岗位职责及具体要求。建立一套师德考核指标体系，并将其标准量化，通过学院、系、教师、学生不同权重打分，给予综合评价，将评价结果存入本人档案，作为教师聘任、晋升、晋级、培养、流动等方面的重要依据，使广大教师和管理部门有章可循。

2. 完善并严格实行对教师的年度考核制度和必要的奖惩制度

把师德水平的高低与教师的个人发展和利益紧密挂钩，把落实教师思想道德规范与干部的培养和选拔、专业技术职务的评定和晋升、出国进修、优秀中青年学术骨干和学科带头人后备人选的选拔及各种荣誉称号的授予、奖金和津贴的分配、年终考核的等次等有机地联系起来，采取"一票否决制"。对那些思想道德素质优秀、教书育人事迹突出、贡献突出、学生称颂的优秀教师大力表彰并给予重奖。

---

① 奚冬梅，胡飒. 高校思想政治教育教学与实践研究［M］. 北京：光明日报出版社，2018.

3. 建立必要的宣传机制

良好的校园环境是培养高品位教师的沃土。古人云："蓬生麻中，不扶而直；白沙在涅，与之俱黑。"说明了环境对人的熏陶作用是十分巨大的。在高校师德建设的制度约束机制中，要充分体现思想教育和规范引导相结合、榜样示范与激励约束相结合和岗位实践与行为养成相结合的原则。各高校在完善师德建设的制度同时，还应重视师德建设的宣传工作。把师德建设的宣传工作作为经常性地宣传教育活动，贯穿于学校各项工作中，做到"常宣不懈"。可以通过宣传师德先进典型，举办师德报告会、组织师德演讲和征文活动等各种生动活泼的形式，使教师在各种活动中得到熏陶和教育，形成人人重师德，个个讲师德的良好氛围。

三、如何落实高校教师道德建设的制度

增强社会主义市场经济下制度遵守的权威。任何制度都必须与关于制度执行的"实践意识"和"实践自觉"相结合，通过对相对人具体行为所产生的规范、引导和调节，才能发挥其应有的效力，以及存在的意义和价值。若制度仅仅写在纸上、贴在墙上、挂在口头上不予执行，或不认真执行，那再好的制度安排也是无效的。如果被制度禁止、防范的行为在制度实施后依旧大量发生，甚至有增无减，那么这种制度环境就是不起作用的。因此，加强制度执行的力度是制度环境建设的必要手段。

（一）领导重视是制度落实的重要环节

校以育人为本，师以立德为先、铸德为重。高校要完成教书育人的重任，必须高度重视师德师风在育人中的作用，彻底改变以往师资队伍建设中重业务轻师德的现象，全方位加强高校师德师风建设。党委对师德师风建设应有专人负责，系、部可设专职或兼职副书记做好此项工作，系、部、中心教工党支部要把工作重点放在教师的思想道德建设上。各级领导都要经常调查分析高校教师的思想道德状况，及时发现问题，研究并制定出相应的对策和措施，靠管理实现严师德，铸师魂。只有领导重视，才能做到制度落实、组织落实、内容落实，形成统一领导、分工负责、协调一致、齐抓共管的工作新格局。

（二）建立监督机制

高校应成立由各部门主要负责人参加的师德建设工作小组，负责师德的调查研究、检查评估和其他师德教育活动的规划、组织落实以及会同有关部门做好教师的职业理想、职业道德、职业纪律教育。还应成立师德建设督导小组，主要了解教师的思想、工作和生活状况，将师德问题同解决教师的实际困难和问题结合起来。同时还可以充

分利用现代信息资源，建立"师德监督网站"，鼓励学生对教师师德进行评价，教师之间互相评价，从而督促教师更新思想观念，完善道德修养。

第三节 高校教师职业道德建设的有效方法

高校师德建设，是新形势下教育事业面临的一个重要问题，它对促进我国教育文化事业改革，以及新时代人才培养有着重要影响。如今我国已经进入建设社会主义高速发展时期，对人才的需要有着更高的要求。加强教师的职业道德教育工作，制定具体的教师职业道德规范，对于新形势下加强高校师德建设具有重要意义。

一、当前国内高校师德建设存在的问题

社会主义经济建设正处在发展的新时期，在市场经济的冲击下，人们的思想道德观念也随着社会经济的发展发生着巨大的变化。在这种背景下，功利主义深深地影响着人们的价值观念。高校师德建设，也同样受到功利主义的影响，存在着很多较为严重的问题。

（一）注重能力教育，荒废德育教育

高校教育要坚持德、智、体、美、劳五方面全面发展，这是我国社会主义制度下，人才全面发展的根本。但眼下一些高校，只注重学生能力教育，力求使学生掌握专业的职业技能，对学生的德育教育却是不管不顾。很多高校教师对师德建设本身认识不足，只注重学生学习能力，不去理会学生的道德品行，很多时候也不注意自己的言行举止，给学生带来了很大程度的负面影响，同时也严重影响了教书育人的质量。

（二）敬业意识不足

高校有些教师对师德建设的认识不足，只注重经济收入。很多教师只是把教师当作是一种职业，当作自己谋生的一种手段，对于专业知识得过且过，只是流于形式照本宣科地传授课本知识，上课更是敷衍了事，没有对教材进行认真钻研，更没有考虑对学生学习能力的培养。

（三）对教学工作缺乏信心

市场经济发展的大背景下，人们受功利影响越来越严重，很多教师在提升自身素质与获得经济收入的比较中失衡。一些教师对自己的工资不满，滋生了很强的失落感，

对教学工作缺乏信心，很难给学生起到表率作用，甚至在很大程度上影响了学生的人生观和价值观。

（四）治学态度不严谨

新时期人才的培养，取决于各大高校的教学力量，取决于教学工作者的教学水平，而治学态度是体现教学水平的一个关键因素，一个严谨的治学态度对学生未来的发展有着巨大的影响。一些教师治学不严谨，急功近利，导致教研成果难以登上台面，更会对学生的学习态度产生巨大的负面影响。

二、新形势下对教师提出的具体要求

高校师德建设要坚持与时俱进，不断深化改革，与当今社会经济发展步伐相一致。新形势下，教师队伍建设也要具有时代特征，与当今的社会环境相符合。

（一）新形势下教师要坚持以人为本

以人为本是当今我国发展社会经济的首要理念，也是我们党执政的基本理念，同时也是新形势下师德建设的关键要求。新形势下，教师应该树立以人文本的教育理念，把学生的发展放在首位，切实地运用各种先进的教学方法促进学生的全面发展。新形势下，教师要公平公正地对待每一个学生，不单单要注重学生的学习能力教育，同时也要注重学生的思想道德教育，加强学生的主体地位，让学生在主观观念上意识到德、智、体、美、劳五方面全面发展的重要性。同时，教师自身要更新观念，坚持与时俱进及以学生文本，不断适应变化的环境，推动教育事业的发展。

（二）新形势下教师要言传身教

言传身教要求教师要注重自身言行，教师自身的言行表现，同样是影响学生的关键。以身作则、为人师表是作为一个教师必备的道德素质，也是对教师最基本的要求。教师对塑造学生的人生观和价值观具有重要影响，不单单肩负教授学生科学文化知识的重担，同时也是学生思想品格的塑造者。教师的言行举止，都会被学生们看在眼里，并且潜移默化地模仿和学习。教师必须以身作则、严于律己，这样才能给学生树立一个好的榜样，才能为新形势下的社会经济发展培养出大量的有用之才。

（三）新形势下教师要树立终身学习的观念

当今社会经济发展迅速，科学技术突飞猛进，高校教师若是不能坚持与时俱进，不能树立终身学习的观念，将会很快被社会的浪潮淘汰。新形势下，新知识、新技术不断涌现，这就要求教师必须树立终身学习的观念，第一时间进行新知识、新技术的学习，了解和掌握新知识、新技术，这样才能满足当下高校教育发展的需要。教师要树立终身学习的观念，掌握新时期的先进文化和知识，也将促进学生学习的巨大进步。

三、新形势下加强高校师德建设的关键

新形势下，高等学校也将面临新的挑战，高校师德建设是高校面临的一个永恒话题。师德建设关系到学生未来的发展方向，也关系到一个高校能向社会提供什么样人才的问题。当今社会形势的发展变化，对于高校师德建设的要求也发生着很大改变，新形势下加强高校师德建设的关键在于以下几个方面：

（一）高校师德建设必须具备时代性

所谓的时代性就是要具有时代特征，满足一个特定时代的社会发展理念。师德建设也要随着时代变迁、社会经济发展而随之改变，不能墨守成规、一成不变，要坚持与时俱进，进行改革创新，只有这样才能促进师德建设又好又快的发展。新形势下的师德建设，要以民族复兴、民主务实、开拓创新等理念作为根本，让师德建设更具时代特色。

（二）师德建设也要坚持以人为本

高校教师要坚持以人为本，师德建设同样要坚持以人文本，高校教师是以"学生"为本，而师德建设则是以"教师"为本。师德建设的根本是提升教师的整体道德文化素质，实现教师的主观能动性，进而影响学生，促进学生的成长和发展。师德建设要做到以人为本，就要切实考虑到教师的根本因素，从教师的生活实际出发，充分考虑到每一位教师的具体问题，并采取相应的解决措施。师德建设如能坚持以人为本的理念，将会在很大程度上解决教师的困难，激发教师的工作热情，从而推动整个教育事业的健康发展。

（三）用制度化保证师德建设

师德建设并非是一朝一夕的事情，它具有长久性和复杂性的特点，既然如此，师德建设更需要制度化、规范化，这是新形势下师德建设的关键。通过制度化，可以明确制定师德建设的具体要求，让教师以此为准绳，规范自身行为。除此之外，制度化的师德建设也要从实际出发，根据各个高校教学性质、培养目标的不同，具体问题具体分析。制度化的师德建设体系是促进高校师德建设的重要保证，并且在内容和方法上规定了教师的道德规范，这在很大程度上解决了师德建设无从下手的问题，从而有效促进高校教师形成良好的职业道德规范。

四、加强师德建设的有效方法

（一）建立健全管理体制

高校师德建设要受到各个高校的重视，并且成立专门的管理机构，由各个高校的党政领导亲自抓，明确管理职责，重视高校师德建设任务。同时，各级领导也要以身作则，注重言传身教，保证师德建设工作的展开。

（二）强化师德教育工作

各个高校要定期开展师德教育工作，经常性地对教师进行师德教育。可以多渠道、多层次地开展师德教育，让教师明白师德建设的重要性。同时，针对各个班级的班主任、辅导员老师，更要注重师德教育工作的开展，将师德教育列入教师培养的重要环节。

（三）建立健全考核机制

师德建设工作除了要有管理制度存在，也不能忽略考核机制，针对一些表现较差的教师，要进行严格的查处，加大惩戒的力度，让每一个教师都重视师德建设。同时，完善考核机制，对表现优异的教师进行嘉奖，并且作为优秀榜样，进行广泛宣传。这样一来，将会更加有利于师德建设工作的进行，让每一个教师都对师德建设引起足够的重视，确保师德建设工作的顺利进行。①

五、师德建设的现实意义

（一）促进教师思想政治素质的提升

加强师德建设，将有利于促进教师思想政治素质的提升，让教师确立以马克思列宁主义、毛泽东思想、邓小平理论、"三个代表"重要思想和科学发展观为行动纲领，并以此影响学生，进而促进整个社会的健康发展。

（二）促进教师坚定职业信念

加强师德建设，将有利于教师坚定自己的职业信念，影响教师日后的工作行为。拥有崇高的职业信念，将自己的热情全部投入到教育事业当中，将促进教育事业的蓬

---

① 孙增武，王小红，李波. 新时期高校辅导员工作的理论与实践研究［M］. 长春：吉林大学出版社，2018.

勃发展,对我国科教兴国战略以及人才兴国战略有着巨大的推动作用。

(三)促进新形势下高素质人才的培养

加强师德建设工作,最为直接的影响还表现为人才素质的提升。人才的培养主要来自于教师,教师素质的提升,对于人才素质的提升将起着至关重要的作用。可以说,教师自身素质的提升与言传身教,对学生的影响无疑也是极其巨大的。

新形势下,国际竞争日益激烈,人才在各国之间的竞争中是绝对的影响因素,所以教育对于一个国家来说,有着举足轻重的地位。如何培养出高素质人才,这关系到每一个国家的教育事业。因此,加强高校教师师德建设,是每一个国家面临的严峻问题。为了适应新形势下的竞争,各高校必须全面推进师德建设,创新观念、深化改革,促进师德建设工作更快更好地发展。

第四章

新时代背景下高校教师专业能力建设

第一节　学习和自我发展能力的培养

一、基本认知能力

基本认知能力包括记忆力、注意力、观察力、想象力和思维能力，即一个人的智力。

记忆力是智力活动的基础，是一个人不可缺少的基本才智，是获得各种信息和经验的首要心理要素。注意力是使心理活动指向并集中于客观事物的能力。人的一切智力活动只有在注意力的参与下才能顺利进行，可以说，注意力是智力活动的组织者和维护者。观察力是感知和思维相结合而形成的一种能力。观察是有目的的、主动的感知过程。各种专门人才都需要一定的观察能力。教师只有具备了较强的观察力，才能对学生观其行而知其心，随时掌握学生发展变化的动态，并获得丰富而有价值的教育现象的材料，从而发现新问题，找出事物的规律，并得出正确的科学论证。想象力是智力活动富于创造性的条件，也是教师能力最基本的特征，是教师进行创造的前提。思维能力指在已有知识经验的基础上，借助语言对客观事物进行间接概括反映的能力。思维能力是智力的核心，人脑通过思维可以组织人的感官触及不到的宏观与微观世界，从而把握事物的本质规律和整体性。

总之，基本认知能力即智力，它始终贯穿于教师的职业活动之中，标志着一个教师能力起点的高度。一个智力水平很低的人很难成为一名会学习、能够不断自我完善和发展的出色教师。

二、系统学习能力

系统学习能力即指学习和掌握新知识、新信息、新技术、新方法的能力，包括自学能力、成长学习能力（再学习能力）、信息资料的加工利用及整合能力等。

（一）自学能力

自学能力一般包括对学习内容的选择能力、学习的坚持力以及学习的效果和速度。

1. 选择能力

在纷繁的知识海洋中，对于学习内容的选择是学习者首先要解决的问题。当代教师要充分认识到选择学习内容对于学习的重要性，"有所不为才能有所为"，因此，学习亦要"有所止之"，才能有所成就。

2. 坚持力

在学习的过程中，不能忽视学习的坚持性，避免半途而废。只有不怕困难、矢志不渝的人才能真正有所建树。

3. 效果和速度

阅读速度、理解程度，重点和难点的把握都是教师能力的体现。尤其是在知识信息如潮水般向人们涌来的今天，提高单位时间内学习的速度和效率已越来越重要。为此，教师应使自己的学习方式快速化与创新化，充分利用现代化的学习工具，如电脑、手机等。

（二）成长学习能力（再学习能力）

这种学习能力一般应具备以下五个要素：一是成长因素的自我识别，即知道自己具有哪些方面的特长，哪些方面的短处，以使自己的学习能够扬长避短、事半功倍；二是成长学习的目标决策能力，即能够根据自己学习的长远目标和阶段目标制订学习计划和学习策略的能力，以保证学习任务能有步骤地得以完成；三是高层次的学习方法，即科学的学习方法与思维方法有机结合，在提高学习效率的同时有所发现、有所创造；四是成长学习的自我评价与调节能力，即学习者对学习的效果具有正确的评估，并能经常改进学习方法、调节学习机制的能力：五是悟性和勤奋。这是再学习的每个教师所必须具备的素质，有悟性和开拓意识，对再学习有兴趣和敏感，再加之勤奋的精神，就能很快地实现学习的目标。

（三）信息资料的加工利用及整合能力

这是教师扩展视野和知识的必要能力。教师对信息资料的加工利用表现在：对信息的高度敏感性，即能够广泛地接收来自学生、学校、媒体、政府等方面的信息和学术刊物、著作的信息；对信息的利用率，即筛选有用的信息进行简化、归类、存档，适时运用。

为适应新时代对教育和教师的全面要求，以便更好地、更有效地获得信息资料，教师无疑还要具备一定的外语水平。良好的外语能力为加强国际交流、进行双语教学清除了障碍。外语能力已成为新世纪教师"学会说话""学会看书"的新要求。

三、社会环境适应能力

适应是心理健康的标志之一。适应是有机体与环境的一种平衡状态。心理学家皮亚杰指出："智慧的本质就是适应"。现代社会的飞速发展、教育的重大变革给教师提出了许多新的挑战。适者生存、适者发展仍然是一个不可逆转的法则。学会适应，具有一定的社会环境适应能力，是每一个教师健康生活、获取成功的前提与基础。

（一）对适应的一般理解

适应一词源于生物学的概念。它是指所有活着的有机体都要随着它们环境中某些条件的改变而改变自身的活动。从心理学的角度研究适应，可将其定义为：个体通过不断做出身心调整，在现实生活环境中维持一种良好的、有效的生存状态的过程。适应是指个体与环境在相互作用中发生改变的过程。个体社会环境的适应方面，涉及如下三点。

1. 适应客观环境的变化

无论是什么样的人，当刚从熟悉的环境进入陌生环境，都要有一个适应的过程，这一过程包括对新环境的熟悉以及了解新环境对自己的要求等，而且这一过程还包括逐渐从过去熟悉的环境中解脱出来，在生活方式、思维方式等方面做出相应的改变，以适应新环境的要求。

2. 建立新的人际关系

随着环境的改变，建立新的人际关系，不仅是适应环境的要求，也是个体逐渐走向成熟的必要条件。这就要求人们清楚地认识新的人际关系的特点，同时，还要逐渐掌握处理各种人际关系方面的技巧。

3. 确立新的自我

个人适应环境的过程实际上就是重新确立自我的过程。当个体进入新环境后，原有的自我就要重新被评价，以便适应新环境。但是这种重新确立不是完全的自我背叛，而是主动地寻求一种新的契合点，既保持自我的人格特点，又与新环境相适应。

（二）社会环境适应的能力与发展

在现实生活中，人们对环境的适应大体上有两种。一种是消极的适应，即适应是人与环境的消极互动过程，在这一过程中，个体认同、顺应了环境中的消极因素，压抑了自身的积极因素（即自身的潜能），违背了人的心理发展方向。其结果是环境改造了人，而人未发挥自己对环境的能动作用，例如，看破红尘、安于现状、不思进取等消极性的态度都是以压抑自己的潜能、牺牲个人的发展为代价的。这种对环境的适应是退化，而不是发展。而另一种是积极的适应，即能够正确地分析自身的特点及环境的特点，从对两者的分析中找到自己的生长点，积极主动地调整自己与环境的不适应行为，增强个体在环境中的主动性、积极性，使自身得到发展。也就是说，把环境中的有利因素和个体中的积极因素统一在自己能动的实践活动中，就获得了一种积极的适应。社会环境适应能力是个体通过不断的身心调整，在现实在生活环境中能够突破困境，维持一种良好的、有效的生存与发展状态的能力，这种积极的适应能力对教师的生存与发展都是至关重要的。

教师的社会环境适应能力，一方面应体现在对社会角色的适应能力，能够形成与时代相适应的角色期望和行为方式；另一方面应体现在对社会变革及教育改革所带来的冲突及压力的应变中，与现实相适应的保持心理平衡的能力。只有学会积极的适应，才能够面对现实、接受现实、适应现实，对现实抱有乐观的认识和判断，对生活、学习和工作中的各种挑战才能妥善处理，并从实际出发不断调整工作、学习及生活目标，审时度势地进行角色转换，调节自身行为，把握成功，获得发展。适应与发展的关键是战胜自我、积极行动。

四、身心保健及调适能力

（一）教师身心健康的含义及表现

教师身心健康是指教师具有健康的身体素质和心理素质。

1. 教师健康的身体素质主要表现在以下两个方面

（1）对繁重的教学、紧张的工作、琐碎的家务具有较强的承受能力，能精力充沛、生气勃勃、从容不迫地从事工作和学习，应付日常生活和工作。

（2）反应敏捷、体格强壮、耳聪目明、头脑灵活、声音洪亮。

2. 教师健康的心理素质主要表现在以下六个方面

（1）较强的社会适应性，能与现实保持平衡。

（2）人际交往和谐，积极态度多于消极态度。

（3）有良好的自我意识，能正确地对待自己，善于与人交往，理解、尊敬、信任别人。

（4）情绪乐观稳定，心胸开阔，能自尊自制。

（5）热爱生活，热爱教育工作，有追求成功的欲望和信心，有幸福感。

（6）过有效的生活，心中有目标，活得很充实。

健康和身心不仅是教师成才与发展的基本内因和要求，也是教师良好身心素质产生的一个基本前提。

（二）影响教师身心健康的基本因素及分析

影响教师身心健康的因素是多方面的，也是比较复杂的，主要有以下两个方面。一是客观方面，如事业与家庭的负载过重，待遇与收入偏低，给教师增加过大的身心压力，不重视满足教师的正当需要，不能创设和形成良好的群体心理氛围，缺乏完善的教育领域内容的竞争机制等。二是主观方面，即从教师自身因素看，教师不能科学地生活，对心理和身体健康难以自我保护，缺乏一定的身心保健和调节的意识及能力，也是重要原因。

身心保健与调节能力，是教师能够在对自身进行客观了解之后，发挥内部机制的作用，针对存在的问题进行自我调整，采取切实可行的措施，主动加强保健，调节自己的身心状态，对身心素质不断进行自我完善的能力。其属于一种能够弥补身心疲乏、恢复充沛体力、保持健康身心的能力。这种保健和调节的意识和能力，是保障教师在竞争上增强个人的适应力，以健康良好的身心品质从容地对待社会生活，对待教育事业，谋求个人发展的重要条件。

五、自我监控及管理能力

教师的自我监控及管理能力，是教师所具有的对自身的行为及自我发展的监督控制及管理的能力。在行为上主要表现为：具有能够做到为人师表、保证个人言行的严谨端正、处变不惊、从容不迫的能力；具有善于完善自我和克制自我的能力；具有能够进行自我剖析、规划、设计、约束、激励和反馈的能力。

教师是自我发展的主体，所以对教师的任何管理，都不如教师的自我监控与管理更有效。教师在具备一定的自我监控及管理能力方面，具有明显的优势，这是因为：

（1）教师有较高的成就动机，对自己有比较高的期望值，对自己的要求比较严格。[①]

（2）由于教师工作的示范性，教师角色对学生有重要的影响，教师必须严于律己，对自己的言行加以规范和约束。

（3）教师有比较高的科学文化素质，有较高的能力，有进行自我监控及管理的基础。

（4）有自我发展的内在强大动力的教师，更能够实现真正的自我监控及管理。这也是教师具有自我监控及管理能力的基本条件，即：教师有自我发展的内驱力，对发展目标有坚不可摧的信念。

六、职业生涯规划与设计能力

职业生涯是人的一生中所从事的职业和所走过的大部分职业生活历程。职业生涯设计能力是指对有关职业发展的各个方面进行的设想、规划和管理能力。

教师的职业生涯，是一个人作为教师从事教师职业的整个过程。教师只有树立职业生涯设计的意识，掌握职业生涯设计的方法，培养和提高职业生涯设计的能力，才能真正把自己的职业生涯置于理性的思考之上，从而使教师关注自我发展，增强自我发展的主动性、预期性。

职业生涯设计包括一个人一生中所有与工作相联系的行为和活动的设计，在设计时应考虑以下几个特点。

（一）连续性

职业生涯是表示一个人一生中在职业岗位上所度过的整个经历。这个经历是漫长的，它影响着一个人其他方面的生活，甚至决定着一个人的生命和质量。这个经历中各个阶段都是衔接的，因此，职业生涯的设计，应当是一种与工作相关的连续经历和设计。

（二）独特性

生涯是个人为实现自我而逐渐展开的一种独特的生命历程。不同个体的生涯，在形态上或许有类似之处，但其实质却有诸多的不同。每个人在不同的人生阶段都有不同的追求，每个人都有不同的自我定位和目标设计，有不同的行为能力和心理特征，这些都使每个人有不同的变化和成长。因此，职业生涯的设计也应体现出每个人职业

---

① 许辉，于兴业. 自我视域下高校辅导员的发展研究［M］. 北京：知识产权出版社，2018.

生涯的独特性。

（三）互动性

职业生涯不完全是由个人支配的，它还受多方面因素的影响，除了本人对职业生涯的设想和计划之外，还有家庭中父母的意见与配偶的理解和支持、组织的需要与人事安排、社会环境的变化等，这些都会对职业生涯设计等产生影响。所以说，在职业生涯设计时要综合考虑多种因素的互动。

第二节　教学情境创设能力的培养

（一）教学情境创设能力的特点

1. 新颖性

创设问题情境的新颖性会使学生乐于创新学习。教学的艺术，不在于传授知识的多少，而在于激励、唤醒、鼓舞。教学中教师只有根据学生的年龄特征、知识经验、能力水平、认知规律等因素，抓住学生思维的热点、焦点，不断创设有创意的、新颖的问题情境，让学生身临其境，感受数学知识、规律的魅力，才能使学生产生疑问，激发探索的欲望，乐于发现问题，乐于创新学习空间。

2. 空间性

创设问题情境的空间性，使学生敢于创新学习。由于学生的智力、基础知识、学习能力、生活经验与环境等方面的差异，即使面对同样的问题，他们的思维方式、采用的手段方法也会有所不同。教师的讲解与分析，往往不能满足所有学生的需求。因此，创设问题情境时必须留有一定的空间，把学习的主动权交给学生，对学生的新想法给予鼓励，使学生敢于打破常规，别出心裁，勇于标新立异，寻找与众不同的学习、解题途径，激发学生的创新动机，为学生的创新学习提供时间和空间上的保障。只有为学生创设了问题情境的思维空间，学生才会有积极思维，并进行创新学习。具有挑战性的问题情境，可促使学生多方位地进行联想，自觉地探索尽可能多的问题答案和解题途径，有利于提高学生学习数学的兴趣，培养学生接受挑战的意识，发展学生的求异思维，为学生的创新学习提供条件，引导学生积极主动地、创造性地学习数学。

3. 实践性

创设问题情境的实践性，使学生善于创新学习。教学离不开实践活动，加强实践操作是培养学生创新学习能力的重要措施。知识的应用是一个渐进的认知过程，是学生在教师的引导下，利用必要的材料，在自我实践的基础上，通过意义建构而主动获得的。因此，在认知建构中，教师应根据学生的认知特点和学习心理，有意识地设置动手操作的情景，给学生提供必要的探索新知的思维材料，设置"动"景，使静态的知识动态化，调动学生的多种参与，以及对新知的主动探究，让学生通过自己的操作、观察、比较、交流、评价等实践活动，亲自经历知识的形成过程。一方面能增强学生主动参与的意识，使学生在实践活动中学会相关知识，另一方面，通过教学实践活动，使其创新学习能力得到提高。

这种在教师点拨下的学生动手来自操作、自主探究的活动，有利于调动学生多种感官参与学习，并通过设疑——猜想——实验——验证——归纳的过程，使学生的思维得以充分训练，学生在实践活动中，动手、观察、思考、协作能力都得到了培养。教学中，教师要有意识地向学生提示寻找问题的角度，以及提出问题和解决问题的方法，使学生更善于自主创新学习。

4. 竞争性

创设问题情境的竞争性，使学生勤于创新学习。在教学中，适时创设竞争的学习氛围是培养学生探索兴趣和独立思考习惯的有效途径，适当的良性竞争，可激发学生的创新热情和创新意识，能培养学生思维的变通性和独创力。只有对学生点滴的创新给予及时的表扬、肯定、鼓励，才能激发学生创新学习的热情，逐步培养学生创新学习的能力。课堂教学中问题情境的竞争性，从形式上，可以是小组内同学间、小组与小组间；从内容上，可以是小组内、小组间对问题解决的竞答，或小组内、小组间的相互质疑，也可以对练习完成的质量、速度或某一问题处理深刻性的评价等；从情境创设的方式上，可以由教师创设，也可以由学生根据自己的认识提出。

（二）创设教学情境的基本要素

1. 情境是符合学生已有生活经验的学习环境及学生认知水平的必备要素

学生的原有经验是进入教学情境中的重要知识，教学情境的创设必须建立在学生的认知发展水平和已有的知识经验基础之上，使学生的原有经验通过再创造，获得新的意义，从而使学生产生新的发展。

2. 情境包含丰富的学科知识、能力及外部世界的诸多因素，是相互联系的

在一定的教学情境下，通过适当的方式将零散的、隐含于特定问题中的诸多因素相互联系与综合，使学生获得相关的知识和技能，同时使学生在非认知方面（如情趣、态度、价值观、合作交流能力等）获得发展。

3. 情境具有调动学生积极学习和成长的情意因素，具有学生参与的角色要素

良好的教学情境，能使学生积极主动地、充满自信地参与学习，使学生的认知活动与情感活动有机地结合，从而促进学生非智力因素的发展和健康人格的形成。一个好的教学情境必须具备调动学生积极参加学习活动的因素。学生的参与性是新课程教学环境的基本要求，教学情境必须具有学生参与的角色要素，从而让学生较快地进入建构性学习活动。

4. 教学情境中包含了大量的课程资源，体现了学校课程资源较高的开发利用程度，具有可供操作的硬件设施和时空要素

为了使学生能够充分地参与学习活动，教师必须具备较强的课程资源和意识，注意对课程资源筛选、加工、整合及再创造。因地制宜，通过多种途径、多种方式、多种渠道有目的地开发和利用各种资源，包括校内、校外、网络、学生家庭、所在社区等的课程资源，来创设教学情境。创设的教学情境应具备较好的可操作设备条件，具有使师生共同进行学习活动的时空要素。

5. 情境具有趣味性和浸润性，可以引起学生浓厚的探索问题的兴趣，有较好的对问题进一步拓展的空间

通过营造一种生动有趣的、具有吸引力的学习背景，创设一种与亲和的人际情境交融在一起的教学情境，激发学生学习的兴趣与动机，使学生在宽松、和谐、愉悦的氛围中，由对问题的自然想法开始探索，发挥情境的浸润功能以激发学生的探究热情。

（三）创设教学情境的类型

无论教学情境的外在形式还是教学情境的内容，都能使学生产生积极的情绪反应。但不同形式、不同内容的教学情境在教学中的侧重点不同。实际教学中往往是多种教学情境同时作用于课堂，综合发挥教学情境的浸润性。教学情境根据不同的分类标准可以有多种类型。

根据教学情境与现实世界存在的关系，可分为 7 种类型。

1. 真实型教学情境

现实客观存在的社会是学生知识建构不可缺少的资源，以及运用知识不可替代的学习情境，学生在其中感悟、观察、体验。通过形式多样的真实客观存在的教学情境，让学生亲临生活实际，在社区、工厂、田间、野外等真实的生活与场景中学习知识，运用所学知识解决实际问题，这就是真实型教学情境。在真实的情境中进行教学，拓宽了教育的空间，将理论与实际相联系，可以使所学的知识得以运用，学生在身临其境的演练中施展自己的才能，品尝着受阻的焦虑和成功的喜悦，在积极的思考中提高解决实际问题的能力。

2. 仿真型教学情境

教学中有时受时间、空间、财力、物力的限制，不可能每节课都把学生带入实际生活中。一些较难接触或学生不易真实接触的学习内容可以用模拟现实环境和情况来满足教学的需要，这就是仿真型教学情境。如模拟商店中现场购物的体验，也可以借助多媒体等教学手段模拟现实情境，采用学生模拟表演等形式，达到所需教学情境的效果。

3. 提供资源型教学情境

根据课程的教学目标，为学生提供丰富的学习资源，由学生选择学习、探究方式，充分发挥学习的主体作用，教师则起学习引导者的作用，使学生在探索中学习求知，培养其独立钻研、独立学习的能力，这样形成的教学情境称为提供资源型教学情境。资源的共享是时代发展的要求。学习的根本在于拥有和利用学习资源。为学生提供具有丰富学习资源的情境将是未来教学环境发展的总趋势。

4. 问题型教学情境

为了完成教学目标，教师所设计的以探究某个问题为平台的教学情境称为问题型教学情境。创设"问题情境"就是在学习内容和学习求知心理之间制造一种"不协调"，把学生引入一种与问题有关的情境的过程。这个过程也就是"不协调——探究——深思——发现——解决问题"的过程。"不协调"必须要质疑，把需解决的问题，有意识地、巧妙地寓于各种各样符合学生实际的教学情境之中，在他们的心理造成一种悬念，从而使学生的注意、记忆、思维凝聚在一起，以达到智力活动最佳的状态。教师根据学生情况和教学内容而创设的问题情境能诱发学生的好奇心和求知欲，点燃思维的火花。创设问题情境宜围绕教学目的，同时需注意培养学习者的发散性思维与创新意识，且难度适中。

5. 探究学习型教学情境

为探究性学习任务创设的教学情境称为探究学习型教学情境。探究学习情境与问题学习情境是密切相关的。一般情况下，学生在一定的问题情境的刺激下会主动参与探究。但在实际教学中，还往往出现学生遇到问题时，很难识别问题的关键并形成连贯的研究方法。他们也不清楚怎样把现在的问题和已经知道的东西联系起来。围绕问题的探究总是停留在问题的表面，好的问题也会渐渐失去挑战性，因此在探究的过程中需要教师不断营造探究的情境和学习的氛围，引导学生在探究过程的不同阶段深入地学习。

6. 合作学习型教学情境

为在教学中的合作学习而创设的教学情境称为合作学习型教学情境。学习教学中的合作有利于开拓学生思路，改善课堂氛围，培养与人合作的作风，能充分调动学习的主动性。合作中有竞争，既能发挥个体的积极性，又能促进学生之间相互团结、密切配合，增强集体荣誉感。通过合作教学，不仅充分发挥了学生的主体作用，而且能培养学生的交往、合作和竞争能力。但在合作学习中合作氛围的营造非常关键，教学中创设良好的合作情境是学生能否顺利进行合作的前提。

7. 练习型教学情境

为新知识学习后巩固和拓展而创设的教学情境称为练习型教学情境。教学中无论是新课的巩固练习，还是独立练习课，往往都需要在一定的情境烘托下，达到练习的效果，新课的巩固练习，有时利用课中的教学情境延伸即可达到引导学生自主练习的目的，有时也需要单独创设。独立的练习课，有时教师们可以用带有趣味性的故事情境进行串联，调动学生的练习兴趣。①

教师教学情境创设能力培养需要注意的问题如下。

（1）教学情境的创设一定要与高职学生的智力和知识水平相适应。情境创设是为了激发学生的求知欲，如果学生对教师的情境创设不感兴趣，就不可能达到预期的教学效果。

（2）教学情境的创设必须针对人才培养目标，有针对性地创设，必须与教学主题有关，要达到教学内容与教学情境的和谐统一。

（3）教学情境的创设一定要有梯度和深度，既能承前启后有连续性，引起学生的注意，形成良好的情感体验冲动，又要提升学习的高度和层次，使学生的智力得到进一步的开发。

（4）教学情境的创设要为学生营造优美的学习环境，引导学生去积极地进行探究。教师教学的情境创设，一要揭示教学目标；二要有刺激性，引发求知冲动；三要提高学生的注意力，关注教学情境创设的内容；四要提供诱发行为的条件，使学生愿意主动实践。

教学情境的创设要形成一个关注——激励——移情——加深——弥散的学习过程链，使学生的情感态度、价值取向逐步内化于学生的人格之中。学生参与教学情境的创设本身就是发展能力的拓展过程，教师应当善于抓住学生的求知、求新、求变的心理，通过教学互动，提升自己的教学质量。

---

① 刘印房. 地方本科高校校企协同创新机制构建研究［M］. 北京：科学技术文献出版社，2018.

第三节　教师探究教学能力的培养

（一）探究性学习的培养目标

探究性学习目标强调对所学知识、技能的实际运用，注重学习的过程和学生的实践与体验。具体目标为：

（1）获得亲身参与研究探索的体验。

（2）培养发现问题和解决问题的能力。

（3）培养搜集、分析和利用信息的能力。

（4）学会分享与合作。

（5）培养科学态度和科学道德。

（6）培养对社会的责任心和使命感。

（二）探究性学习的特点

1. 开放性

探究性学习在教学目标上是开放的。探究性学习的目标，第一在于发展学生的能力，包括发现问题的能力、制订计划的能力和解决问题的能力；第二在于培养学生主动积极、科学严密的、不折不挠的态度；第三在于培养学生的问题意识和创新精神；第四在于通过探究性学习获得关于社会的、自然的、生活的综合知识。这些目标是一个整体，是通过长期的潜移默化而逐步形成的，不能把它们割裂开来。探究性学习的目标应是灵活的、开放的、因人而异的。

探究性学习在内容上是开放的。学生在现实生活中所面对的诸多问题，一般是综合性的问题。解决这些综合性问题需要的知识远远超出了某一学科的范围。在探究的过程中，无论是自然科学还是社会科学的知识，都可能用得上。因此，不应把学习内容限制在某些方面，可以海阔天空，只要学生想到而又力所能及的都可以成为探究的内容。

就学生获取的知识而言，探究性学习也是开放的。在探究性学习中，知识的来源是多方面、多渠道的。除了书本知识以外，学习者还要广泛地获取未经加工处理的第一手资料，经过头脑的加工形成结论，使学生超出第二手书本知识的极限。

2. 自主性

自主性是实现探究性学习的目标所必需的，只有这样才能实现探究性学习的目的。

无论是探究的能力，主动积极、科学严密、不折不挠的态度，还是问题意识和创新精神，都是只有通过亲自实践才能逐步形成，就算是知识，也必须通过学生的主动建构才能形成，靠传授式的教学难以获得。

让学生自主地进行探究，是否就意味着老师是多余的，或者说教师没有什么作用呢？当然不是。教师毕竟是一个成年人，社会经历丰富，阅历广泛，可以向学生提供经验和帮助。因此，在探究性学习中，教师是组织者。教师应该开阔学生的视野，启发学生的思维，要善于发现学生思维中的闪光点，要向学生提供经验，帮助学生进行价值判断；要帮助学生整理思路和计划，要检查学生计划的可行性；要提醒学生注意探究中可能出现的问题和困难，要向学生提供必要的资源和帮助；要纠正学生不规范的做法，防止偏见和差错，提醒学生注意实事求是，注意结论的可靠性；要引导学生对探究的过程进行总结反思，引导学生自己进行评价，其中包括对课题意义的再认识，对成功与失败的原因进行总结，引导学生报告自己的收获等等。

3. 过程性

探究性学习的价值何在？注重的自然是探究的过程。学生的体验和表现比结果更重要。让学生在探究中学会交流和合作，在探究中得到发展，是探究性学习最主要的目的。学生体验了科学探究的全过程，从提出问题，确定问题，确定研究的方法和程序，连最后的评价都是学生自己做的，学生也会有很好的体会和收获。有的活动没能得出结论，给学生们留下了一点遗憾，让他们反思所做的探究存在什么问题，为什么没有结果，也能起到很好的教育作用，不一定强求有明确的结论。

强调探究的过程包括不能让探究的过程模式化、固定化。探究的过程没有固定的模式，提出问题、进行假设、制订计划、收集数据、整体分析、得出结论、评价预测，是科学探究过程的要素，而不是固定的规范。它们之间也没有固定的先后顺序，不能硬性规定哪一个步骤在先，哪一个步骤在后，也不必强求探究过程的完整性。一次活动可以集中在如何提出问题，如何制订计划，如何进行评价等任何一个方面或几个方面，也可以是相对完整的探究活动。

探究性学习重在过程，因此在评价学生的学习成果时就不应仅以成败论英雄，更不应该仅以课题的学术价值和社会效益作为评价的主要依据，而是要看学生的态度和表现，要以形成性的评价为主，以学生的自我评价和相互评价为主。对于那些完全不投入探究活动的学生，不仅要在成绩上有所表示，还要让他们自己找出差距。但是，对于能积极探究的学生，不一定硬要区分成绩的高低。现在提倡的档案袋评价就是一种很适合探究性学习的评价方式。

4. 实践性

探究性学习不同于学科知识传授，不能只是坐而论道，而需要实践和活动。要注意的是，不能把实践狭隘地理解为体力活动或与动手技能相关的操作活动，随着自动化程度的不断提高，动手操作的技能在科学实验中的重要性相对下降。重要的是能发现问题，并制订出一套方案去解决问题，技术问题有专门人员去解决。实践并不等于操作，包括从提出问题到求得结论，以及做出评价的整个过程，除了操作之外，思考、计划、找资料、理论探讨、收集数据、分析整理、归纳总结、写报告、写文章都是实践。所谓探究性学习的实践性就是强调探究性学习应以活动为主，让学生亲身经历探究过程，体验、感受探究过程，在实践中创新。

（三）探究性教学的意义

探究性教学实质上是一种模拟性的科学研究活动。具体说它包括两个相互联系的方面：一是一个以"学"为中心的探究学习环境。这个环境中有丰富的教学材料、各种教学仪器和设备等，而且这些材料是围绕某个知识主题来安排，而不是杂乱无章的，这种环境要使学生真正有独立探究的机会和愿望，而不是被教师直接引向问题的答案。二是给学生提供必要的帮助和指导，使学生在探究中能明确方向。这种指导和帮助的形式与传统教学中教师的作用有很大的不同，主要是通过安排有一定内在结构、能揭示各个现象间联系的各种教学材料，在关键时刻给学生必要的指导等。

探究性教学的本质特征是，不直接把构成教学目标的有关概念和认识策略直接告诉学生，取而代之的是，教师要创造一种智力和社会交往环境，让学生通过探究发现有利于开展这种探索的学科内容要素和认识策略。

探究性教学的基本原则是，由学生自己亲自制订获取知识的计划，能使学科内容有更强的内在联系，也更容易理解。当教学任务有利于激发学生的内在动机时，学生认知策略自然能获得发展。同时在这个过程中学生还认识到能力和知识是可变的，从而把学习过程看作是发展的，它既要以现有的学习方法为基础，又要将其不断地加以改进。

（四）影响教师探究性教学能力的因素

1. 教师探究教学的内驱力

探究性教学在关注学生知识和技能有所收获的同时，还注重学生对科学探究的体验和对科学方法的学习，并注重学生情感、态度和价值观的养成。这就要求教师在备课时要做好多方面的准备工作；在具体实施时，要以学生为探究活动的主体，教师要从权威的传授者角色转变为探究活动的组织者、参与者、指导者；在评价时，要采用多元评价主体、多种评价方式和手段。这对于已经习惯了传统教学方式的教师而言，无疑是巨大的挑战。因此，教师是否从内心接受探究性教学方式，是否主动积极地接受有关探究教学性能力的培养与训练，是否心甘情愿研究探究性教学等，将是影响教师探究性教学能力的关键因素。

2. 教师已有的知识结构

教师已有的知识结构影响着教师的探究性教学能力。教师要自如地实施探究性教学必须具备四方面的知识。

（1）学科知识。包括学科教材内容知识，学科内容概念、规律和原理及其相互关系；学科课程知识，学科教学内容知识。

（2）科学本质的知识。包括科学知识是以观察和实验为基础的；实验数据的收集和解释都依赖于当时的科学观点；科学知识是人类想象和创造的结晶；科学调查的方向和成果受当地社会文化的影响。

（3）教育文化背景知识。包括学生特点以及在个体发展与个体差异方面的知识；教学情境的知识，例如小组或班级活动的状况、学区管理与资助、社区与地域文化的特点等方面的知识。

（4）教育策略性知识。包括教师有效地实施计划教学、进行课堂教学和评估教学效果时采用的灵活多变、适应性强的教学策略与方法。此外，教师的科学史知识、科学本质的知识也影响着其专业知识和科学探究的知识水平。

第四节　教师合作学习能力的培养

一、合作学习的要素

（一）合作学习的要素

合作学习要具备两种要素。

一是个人的责任。一个群体的成功，应当使每位成员都具有展现其所学知识的能力。当团体的成功能够根据所有成员的成绩总和而定，或评价成员对团体计划的贡献时，能够显著提高学生的成就感。如果只给学生一张工作单或计划表，而没有分配每个人的任务，学生只能获得较低的成就感。

二是积极的相互依赖。团体的成功有赖于所有成员的协同工作及实现理想的目标。这理想的目标是表扬、成绩、奖励或自由时间等。仅仅要求学生合作并不能确保学生学到社交技巧，必须有目的地教育他们。一般认为合作学习应该包含以下五个基本要素。

（1）个人责任，指每个组员必须承担一定的学习任务，并掌握所分配的任务，积极承担在完成共同任务中个人的责任。

（2）正相互依赖，学生不仅知道要为自己的学习负责，而且要为小组中其他同伴的学习负责，进行积极地相互支持、配合，特别是正相互依赖（积极的）。

（3）混合编组。

（4）小组评估，对小组内共同活动的成效进行评估，以寻求提高活动的有效性，对小组间的活动成效进行评价，以引起小组间的合作与竞争，发挥群体的积极功能，提高活动成效。

（5）社交能力（合作交流的能力），它是小组合作学习是否有效的关键所在，如果学生缺乏社交技能，即使被放在一起被迫合作，效果也会大打折扣，为了协调各种努力，达到共同的目标，学生必须做到：彼此认可的信任，彼此进行准确的交流，彼此接纳和支持，能建设性地解决问题，只有这样，小组成员间才能建立并维护彼此的相互信任，有效地解决组内的冲突，并进行有效的沟通。

（二）合作学习的理论依据

1. 社会依赖理论

从社会互相依赖理论的角度来看，合作学习理论的核心可以用很简单的话来表述，当所有的人聚在一起为了一个共同目标而工作时，靠的是相互团结的力量，相互依靠为个人提供了动力，使他们：一是互勉，愿意做任何促使小组成功的事；二是互助，力求使小组成功；三是互爱，因为任何人都喜欢别人帮助自己达到目的，而合作则最能增加组员之间的接触。

2. 选择理论

选择理论认为，学生有四种需要值得关注，这就是归属（友谊）、影响人的力量（自尊）、自由和娱乐。学校教育的失败不在学业成绩方面，而在培育温暖、建设性的关系方面，这些关系对成功是至关重要的。选择理念是一种需要满足理论，学校则是满足学生需要的场所。

3. 精制理论

精制理论不同于发展理论。认知心理学的研究证明，如果要使信息保持在记忆中，并与记忆中已有的信息相联系，学习必须对材料进行某种形式的认识重组或精制。精制的最有效方式之一即是向他人解释材料。通过长期以来关于同伴互教活动的研究发现，在学业成绩方面，教师与学生都能从中受益。

4. 接触理论

接触理论着眼于社会互动关系的研究。提倡不同种族、民族、性别的学生在学习上的互动和交流，并由此达到群体关系的和谐，接触理论认为，人际合作能提高小组的向心力及友谊。而且，单纯机械的接触，尚不能形成促进性学习，更无法达到增进学习的效果，只有发展成合作性的关系，才能形成有效学习。就接触理论而言，它不但适用于不同的种族，也适用于不同的年龄、性别、社会经济地位或能力的学生。

（三）合作学习的意义和价值

1. 有利于促进学生的社会适应性

合作学习创设了学生互相认识、相互交流、相互了解的机会。在合作学习中，他们学会了把自我融于群体之中，小组内的每个成员一起学习、一起活动，久而久之，感到自己难以离开这个可爱的群体，从而培养了他们的合群性与合作能力。这也是一个人具有社会适应性所应具备的基本素质。合作学习培养了学生善于听取别人意见的好品质。通过合作学习，使学生感到要想使自己的学习有所收获，必须做到小组之间每一个成员的相互帮助、取长补短，耐心听取别人的意见，从而培养了小组成员尊重他人、善于倾听别人的意见、帮助本组成员共同提高的品质，成为他们在适应社会中所必备的条件。

2. 有利于培养学生的自主性和独立性

合作学习的目的是培养一个具有自觉能动性、自主性和独立性的人，它是能够培养出一个对事物有自己独特的思维与见解、敢于发表自己的意见、具有社会交往能力的开放型人才的有效途径。小组内的成员能够在小组内进行语言、思维及胆量等方面充分的训练。通过小组成员之间的交流，他们能够大胆地将自己的见解通过语言表达出来，在交流中逐步培养学生能主动与别人交往，形成自己的独立见解。

3. 有利于满足学生的需求，促进学生的全面发展

合作学习在课堂教学中为学生创设了一个能够充分表现自我的氛围，为每个学生个体提供了更多的机遇。人人都有自我表现的机会和条件，相互交流，彼此尊重，共同分享成功的快乐，使每个学生都有进一步发现自我、认识自我、获得发展的机会。

第五节　教师反思能力的培养

反思是教师自身发展的基础和前提，也是教师成长的新起点。因此，了解反思的内涵，提高教师的反思能力是十分重要的。

（一）什么是教师反思

反思是人们对于任何信念或假设性的知识，按其依据所进行的主动的、持久的、周密的思考。反思是教师最重要的素质之一，虚心、专心及责任心是反思行为的三个基本特质。

有必要指出的是，反思并非教师对教育教学工作进行一般意义的思考和回顾，而是要从反思自我开始，进而反思教学，反思育人，反思课程，反思生活等。即根据反思对象的不同，采取相应的反思方法和策略，达到反思的目的。可以说，掌握了反思的方法和策略，教师就拥有了开启反思之门的钥匙，同时也意味着教师掌握了一定的反思能力。如此看来，有意识、有针对性地培养教师的反思能力至关重要。

反思能力主要分为两大部分：

一是自我监控能力，就是对专业进行自我观察、判断、评价、设计的能力，具体包括自我的意象、职业意识和自我设计。这里的自我意象，是指作为教师进行自我观察时产生的自我满足感、自我信赖感、自我价值感，即教师的个人教学效能感，主要是指教师对自身教学效果的认识、评价，进而产生自我价值感。职业意识，是指教师对教育在学生发展中的作用及其职业生涯和工作境况未来发展的期望。自我设计，是指教师在对专业进行自我的观察、判断、评价的基础上，对自身专业发展的设计。

二是教学监控能力，就是对教学活动的内容、对象和过程进行计划、安排、评价、反馈、调节的能力，主要包括以下六个方面：教学设计、课堂的组织与管理、学生学习活动、言语和非言语的沟通、评价学习行为、教学后反省。

教学设计是指在课堂教学之前，明确所教课程的内容、学生的兴趣和需要、学生的发展水平、教学目标、教学任务以及教学方法与手段，并预测教学中可能出现的问题与可能的教学效果。课堂的组织与管理是指在课堂上密切注视学生的反应，努力调动学生的学习积极性，随时准备有效应对课堂上的偶发事件。学生学习活动是指教师在课堂教学活动中应该对自己的教学进程、教学方法、学生的参与和反应等方面随时保持有意识的反省，并能根据这些反馈信息及时地调整自己的教学活动，使之达到最佳效果。言语和非言语的沟通是指在课堂教学中，教师言语与体态语言是沟通师生双方信息、情感的重要手段，对沟通效果的及时评价与调整是很重要的。评价学习行为是指教师对学生的提问、回答、作业、交流、操作等学习行为进行及时评价，或指导学生对学习行为进行评价。教学后反省是指在一堂课或一个阶段的课上完后，对自己已经上过的课的情况进行回顾和评价。①

（二）反思能力与教师专业发展

教师的反思能力决定教师反思的深度和水平，教师只有深刻理解反思的意义，在

---

① 李丽娟，张立谱. 基于"互联网＋"的高校人才培养实践研究［M］. 沈阳：辽宁大学出版社，2018.

反思的状态下开展工作，才能促进每一名学生的全面发展。

1. 反思能力与专业水平的相携成长

反思能力能够促进教师的专业发展。教师的专业化运动主要经历了两个阶段：第一个阶段是关注教师作为专业性职业的地位及提高问题；第二个阶段主要关注"教师发展"或"教师的专业发展"问题，即从关注教师的地位问题转向了关注教师的角色、实践方面。在这一过程中，教师的自主专业化发展问题日益凸显出来。培养与提高教师的反思能力，让教师能够对课堂事件和所做的决策进行深思熟虑，将有助于促进教师的专业化发展。

反思有利于教师形成优良的专业精神。反思不是一种能够被简单地包装起来供教师运用的技术，而是一种面对问题和反映问题的主人翁方式。反思涉及直觉、情绪和激情，在反思性行为中，理性和情绪交织其中，三种态度——虚心、责任感和全心全意是反思性行为的有机组成部分。教师形成反思意识，养成反思习惯，强化对事业、对学生、对自己的责任感，有助于形成教师爱岗敬业、虚心好学、自我否定、追求完美等优良专业精神和意志品质。所以，拥有优良专业精神的教师不会轻易地在一些误解、挫折、失败和逆境中变得消沉苦闷，也不至于轻易地因计较某种利益而怠业弃业，而是始终保持一种昂扬的精神状态和稳定的心理品质。通过反思，能提高教师的问题意识和教育研究能力，使教师能主张其决策和行为，并为其辩护，独立解决教育教学实践中遇到的各种问题，进而发挥手中的专业自主权，实现专业自主。

2. 反思能力能促进课程实施与改革

课程的实施与改革要求教师成为反思型教师。首先在处理教育理论和实践的关系上，反思型教师能对教育理论和实践保持一种健康的怀疑与批判。反思型教师能够以开阔、前瞻的思维方式思考问题，以开放的心态看待事物，接纳新思想，不断对自身及行为进行思考。他既是教育教学的实践者，又是教育理论的思考者与构建者。此外，在决策方面，反思型教师只要拥有可利用的新根据或信息，就会重新思考既定决策的结论与判断。而且，反思型教师能够对于自己以及自身行为给予学生的影响进行积极的反思。反思型教师注重教学的过程，能够在研究状态下进行教育教学实践，把工作与研究结合起来。

（三）教师反思能力培养的基本原则

为了提高教师反思能力培养的实效，无论是教师自我提高，还是培训部门的培养与训练，都应该遵循以下基本原则。

1. 实践性原则

这一原则是指教师反思要在其具体的教育教学实践操作中进行。贯彻这一原则要求对教师反思能力的培养和训练一定要建立在自己亲历的教育教学实践基础上。

2. 时效性原则

这一原则是指教师的反思要对自我"现行的"行为观念进行分析，即要求教师对自己当下存在的非理性行为、观念进行及时的觉察、矫正和完善。该原则所强调的是时间性和针对性，遵循这一原则可以缩短教师成长的周期。

3. 过程性原则

这一原则有两方面的含义：一方面是指教师具体的反思是一个过程，要经过意识期、思索期和修正期；另一方面是指教师的整个职业成长要经过长期不懈的自我修炼。从这个意义上理解，教师反思能力的提高也不是一蹴而就的。贯彻这一原则要求教师克服急躁或懈怠的情绪，耐心地、长久地、持续地致力于自我反思能力的不断提高。

4. 生成性原则

这一原则是指教师通过对自己教学实践中的行为表现及其行为依据的回顾、诊断、监控和调适，以达到对不良的行为、方法和策略的优化和改善。这种优化和改善就是新的行为、方法和策略的生成。教师经过这一过程，可以加深对教育教学活动规律的认识和理解，使原有的教育、教学能力和水平得到提升，从而适应不断发展变化着的教育改革要求。

（四）教师反思能力培养的基础条件

让教师了解反思内容，熟悉反思过程，掌握反思方法，并形成反思习惯，是培养和提高教师反思能力的基本要素。

1. 了解反思内容

教师反思的内容是相当广泛和丰富的。为了有利于教师反思能力的提高，可以将教师的反思范围和内容简化为五类。即教学反思、教育反思、理论反思、行为反思和社会生活反思。

（1）教学反思。是指教师对教材内容、教学常规、教学方法、教学习惯、教学理念和教学结果等的反思。

（2）教育反思。是指教师对教育理念、教育内容、教育方法、教育对象、教育结果等的反思。

（3）理念反思。教师的经验、习惯、意见或者印象等是教师行为产生的理论基础，所以对教育理念的反思更有助于教师教育思想观念的转变，进而转变教学方式、教学内容和教学行为。

（4）行为反思。是指教师在课堂内的行为选择、方法选择、多方互动策略选择以及判断等，对教育行为的反思是指在课堂教学内外对学生进行德育行为和方法的选择。

（5）社会生活反思。主要是反思社会环境中有利于和制约着学校教育教学和学生成长的因素。

2. 熟悉反思过程

反思过程的一般步骤如下。

（1）反观实践，发现问题。反思产生于"问题"和"无知境界"，教师反思的起点便是自我实践中的"问题"。教师反观自己的教育教学并梳理出其中存在的问题，先就特定的问题予以关注，并在可能的范围内搜集与此相关的资料，接下来便分析问题。

（2）自我审视，分析问题。教师依据收集到的资料，以科学的态度对教育教学的本质加以深刻的理解，并在此基础上建立起观念和相应技术性的结构体系。这一过程需要教师有适当的谦恭、足够的勇气、公正的品质、豁达的胸怀、丰富的情愫以及敏锐的判断力和丰富的想象力等。

（3）借助对话，建立假设。教师借助当前问题的有关信息，或通过阅读书籍、请教专家、集体研讨等方式，提出解决问题的各种假设，并对假设的效果进行预测。这一过程是教师将实践中反映出来的问题上升到理论并加以剖析的过程，进而找到解决问题的理论依据和方法，在思想中形成新的观念，建立起新的假设。这是一个持续的过程，因为任何新观念的内化一般都要经历接受、反应、评价、组织和个性化等五个由浅入深、由不稳定到稳定的过程。

（4）回归实践，验证假设。教师建立起新的假设之后，开始策划新的行动计划和方案，并开始实施此行动，验证假设。当这种行为能够被观察分析时，教师又开始了新一轮的反思循环。这个循环不是简单的思维过程的重复，不是对反思所得认识的无尽讨论，而是通过积极的不断的自我反思实践，使这一过程中得以再生和深化，这也正是反思的价值所在。

3. 掌握反思方法

反思本身也是一种经历，教师反思能力的培养与训练在掌握反思方法的基础上，还要经历一定的反思途径。

（1）过程型反思途径。过程型反思包括行动前反思、行动中反思和行动后反思。行动前反思是借助已有的经验和教训，对各种可能提出预设，决定行动路线，以及期望所要达成的结果。行动中反思是面对当前的问题和情境，当机立断地即刻做出决策。行动后反思，又称追溯型反思，这种反思有助于我们理解过去的经历，从而加深对所经历的含义的理解。

（2）对话型反思途径。这种反思实际上是一种交流，主要有文本对话、人际对话和面对面对话。其一，文本对话途径。以对话的方式对待文本，就是不断对文本叩问、质疑、补充、延伸，与文本作者构成认同与反对、提问与应答、缩减与补充的交流关系；其二，人际对话反思途径。人与人之间的对话是意义的表达、解读、转换与创新的过程。对话中发生着对他人的言语、行动、意义的尊重、解读和接纳，同时也伴随着对自身原有意义的质疑、反思和改进，双方都有可能突破原有体验与理解的局限，获取新的意义，达到新意境；其三，面对面对话反思途径。其中包括两种形式：一是同型对话。具有相同或相似经历、知识背景的人，对于有着相同兴趣的话题，共同研究探讨，相互印证，实现经验共享。二是异质对话。异质对话就是组织跨学科、跨年级的教师间以及与其他专业理论工作者的对话。这种对话能突破同型对话群体的思维盲点，达到开拓思路，促成不同视野和观点的碰撞、互补与融合。

（3）网上互动反思途径。网上交流的交互性、时效性、共享性等特点，突破了时空限制，实现了教师个体的自主交流、教师群体的合作探究和交互学习。网上互动反思的实施通常是在区域性教育机构或学校网页设置的教育论坛中进行。主要形式有：教师个体在网上论坛中发起主题讨论，学校组织的网上主题研讨，以某位教师的研讨课为课例开展专题讨论，或以教育教学对教师的新需求为内容的专题学习或讨论等。

六、教师自我反思能力的养成

教师自我反思能力的形成是一个漫长的过程，它贯穿教师职业生涯的始终，需要教师在职业生涯中自觉地进行培养与训练。具体可以采取以下几种做法。

（一）养成反思习惯

教师要养成反思习惯，应该从具体的自我反省开始，如从观察学生的言行、写反思日记或教育随笔做起。当上完一节课，批评了某一名学生，或处理了一场班级风波时，留心观察每一个学生的反应，分析学生的心理状态，从中反思自己的教育教学行为，以及隐藏于行为背后的教育理念。

教师反思自我还可以通过"问题单"的方式进行。问题单的设计主要涉及以下三个方面的内容：第一，对自我的认识。包括：个体内差异问题，如有关自身的兴趣、爱好、个人特征，自己的长处与短处等；个体间差异的问题，如自身思考问题、解决问题方式方法上与他人的差异等。第二，对实践活动的领悟。具体指对活动的性质和要求的认知。第三，对策略的运用。比如，进行某种实践活动总共可以有哪些方法策略，这些方法策略的优势与不足是什么，它们应用的条件和情境如何。

为了保证教师的自我反思不被繁忙的日常教学任务中断，除了随时随地进行外，还可以安排固定的时间，制定自我约束的日反思、周反思或月反思（一般以周反思为宜）制度，形成反思的经常化、制度化和规范化。最后，教师还可建立自我剖析档案或绘制自我专业发展剖析图，以便更好地了解自己专业发展的变化和进步情况。①

（二）制订专业发展规划

教师的专业发展是一个终生的、全面的、连续不断的过程，它涉及个人、组织和外在环境等错综复杂的因素。教师要善于分析和利用各种不同的因素，学会根据不同环境和因素制定和调整个人专业发展规划，确立个人发展目标，引导自身的专业成长。

教师制订个人专业发展规划的程序是：

1. 认识自我

在制定专业发展规划之前，须准确了解自己目前的专业发展状况和水平。要从教师专业知识、专业技能和专业情意的角度审视自我，从教育观念、角色和行为等多维视角反思自我，对自己准确定位。

2. 明确方向

在教育教学中教师个人发展的机会很多，比如改进教育教学，从事科学研究，增进师生关系，开发校本课程等。从教师自身成长方面，如由普通教师逐步发展为骨干教师、学科带头人、教育专家等。在教育行政方面，教师可以评估自己兼任行政主管，如教研室主任、校长等职位的机会。要在不同时期，找出自己的优势和劣势，明确发展方向。

3. 确定策略

教师的专业发展代表着教师个人在工作上所努力追求的理想，它包括短期、中期和长期目标。当专业发展目标制订后，就应制订行动策略。一个好的行动策略不单单是一个活动项目，而是包含许多活动的组合。

4. 实现目标

要实现目标，应把握关键因素。这里的关键因素包括：教师能够实施自我专业发展管理，作出学习决策（如需要学习哪些内容、如何学习以及何时学习），对自己的专业发展作出判断，选择恰当的学习形式（如阅读有关材料、个人自学、请专家指导或参加专门的研讨及团队学习），把各种行动策略进一步细化为行动方案等。

5. 反思评价

当教师的个人专业发展规划陆续实施并完成后，教师还要对实施和完成的效果进行反思与评价，看是否达到了预定的目标，并存在不理想、欠妥当的地方，然后针对

---

① 曹喜平，刘建军. 高等教育视域下高校人力资源管理研究 ［M］. 石家庄：河北人民出版社，2018.

问题和不足加以反思，并设法改善和弥补。通过对第一个步骤与目标实施状况的评估，及时加以调整与修正，使自己的专业发展目标更有效率地达成。

（三）开展同伴交流

教师反思自我，并非主张让教师自己孤立起来，而是让教师自己主动地、积极地追求专业发展，保持开放的心态，随时准备接受、更新教育观念和专业知识技能。并以此为目的，消除彼此的隔阂，寻求同样的合作与帮助，同样是"反思自我"的重要策略之一。

由于教师工作的独立性，人们仍然视教师工作为一种孤独的职业，尽管这种描述有不完整性。但是，在现有的教师专业生活中，确实存在与学生隔离，与其他教师相隔离的现象。一些教师不想与别人交流是因为不想让其他人知道自己的问题，害怕说自己是一个不称职的教师。由此可见，与其他教师合作、交流，必须有一个相互信任的氛围。因为，反思必然要公开揭示自己存在的问题，公开自己的困惑和遭受的挫折，如果没有良好的氛围，极易使教师受到不必要的伤害和打击。所以，教师要实现自身的专业发展，必须突破目前普遍存在的教师彼此孤立与封闭的现象，学会与同事、同行进行合作和交流。

（四）进行自我评价

教师进行自我评价是一个自我超越、自我发展的过程。

第一，自我评价与外在评价相比，具有认识论上的优越性。教师最了解自己，最清楚自己的工作背景和工作对象，最知道自己工作中的优势和劣势。因此，对教师的评价首先必须是教师的自我评价。

第二，自我评价能改变教师原来消极被动的被评价地位，成为评价主体的一员。这一转变将极大地激发教师的主体意识，使教师以主人的方式主动、自觉地研究自己的教育教学，重视自己行为的转变与学生学习状态之间的关系，注重教育教学理念和技巧的内化。

第三，自我评价能使教师对自己的工作表现、进步状况进行全面的分析与评价，能自我反思、自我教育，提升教师自身的反思能力。

第六节　教师教学评价能力的培养

（一）教学评价的概念

教学评价是根据教育目标的要求，按一定的规则对教学效果作出描述和确定，是教学各环节中必不可少的一环，它的目的是检查和促进教与学。

教学评价通常有广义和狭义之分。广义上，教学评价包括学校教学管理在内的教学工作的评价，教师对学生学习和发展情况的评价，校长对教师教学绩效的评价、教育行政部门对学校办学水平的评价等。狭义上，教学评价为教师教学（主要是课堂教学）的评价。

（二）对教学评价能力的理解

1. 教学评价是根据新时期教育目标的要求来确定的

教育要坚持以人为本，注重学生创新精神、实践能力和科学态度的培养，积极倡导个性化教育，努力提高教育质量，促进人才的健康成长和人的全面发展的目标，这是由我国的教育目的所决定的。

2. 教学评价是按照一定的规则（价值标准）对教学效果进行评定的

怎样看待学生，把学生看成什么样的人，对学生采取什么态度？教师在教学设计中，为学生搭建怎样的发展平台，怎样遵循学生心理发展规律？选择怎样的价值观进行备课？在教学过程中，教师应用怎样的教学策略？师生之间进行了怎样的心灵体验和价值感悟，以及是否拥有获取知识的快乐？对这些教学问题的不同选择，就形成了教学评价准则。评价者按照这样的规则与标准，对教学效果给予了专项或综合的评价。

3. 教学评价是教学过程中的必要环节

教学评价作为教学过程的一个环节，它执行着一种特殊的反馈机制，是克服教学活动对目标的偏差，使教学活动保持稳定发展的重要手段。没有教学评价，就会由于教学过程的不完整，使教学行为、方法、策略无法能得到应有的、及时的检验和调整，教学水平的提高幅度就不会很大，甚至使很多不利的、仍然处在误区中的教学观念、教学方式成为新的教学定势，这对于课程改革的有效实施十分不利。因此，教学评价的过程是一个自我教育的过程，也是学生和教师共同提高和发展的过程。

4. 教学评价的目的是检查和促进教与学

教学活动涉及的要素众说纷纭，如教师、学生、课程、教学方式、教学内容、教学技术、教学策略、教学评价等等。但是，基本的教学活动要素可以确定为：学生、教师和课程。课程是教师和学生之间连续的中介。新时期的教育价值取向要求教师具备新的教师观和学生观以及新的教学策略和师生关系，教学评价标准与要求也就随之有新的转变。为此，促进教学的实效，又促进人的发展，调动教学活动中的各种要素，发现和检查教学各环节所存在的问题，及时纠正并修正教学计划与安排，积极、合理、有效地利用各种教育资源，是高职教育始终不渝的追求。

（三）教学评价的特征

课程的教学评价有 3 个特征。

1. 人本性和发展性

教学评价的人本性是指评价教师在教学设计、教学过程、教学反思等各个环节是否"目中有人"，即把学生放在重要位置。人本性的实质是以"学生的学"来评论"教师的教"，以促进学生的发展论教师的水平，以促进学生的全面发展来评价教师的教学绩效。

教学评价的发展性是指评价注重对教师在教学计划、教学内容、教学手段、教学目标等方面是否以学生的发展作为教学出发点和基准点。评价关注学生将来的发展趋势和能力倾向，就是发展性评价的体现。评价是教师基于学生发展做出的评定，是让学生对同学的才华给予评价，这样既可以使被评价者得到激励，也可以使评价者在参与评价中展示和提升自身的能力水平。

2. 层次性与差异性

对学生之间的评价来说，不同的学生拥有不同的审美视角，有不同的评价取向，学生参与评价，是形成层次性和差异性的重要因素。一个学生发表了个人的见解或表述一种较有见地的思想后，让其他学生给予各自的评价，会使被评价的学生受益匪浅，同时也会使参与互动评价的其他学生开阔视野。学生会在这样的学习环境中找到自己的成功点，从而激发浓厚的兴趣，形成和谐的学习氛围。

对教师而言，因教学经历有所不同，所教学科特点和自身所积淀的文化素养存在差异，所以教师在教学中无论是教学方法、教学过程、教学策略，还是教学手段以及对学生的引导、激励与评价等等，都会具有各自的风格。教师在教学各环节之中，在注意对学生的参与性、主动性和发展性提供空间和舞台的同时，也要注意与自己的特长优势有机地结合，扬长避短，引导学生进入主动发现、主动探究、自主研究、和谐积极的学习氛围。

3. 过程性与综合性

教学评价的过程性，主要体现在评价重心更多地转向关心学生求知的过程、探究的过程和努力的过程。综合性评价主要体现在对学生，对教师，对课程和对教学活动的评价且更关注综合发展态势的考查，质与量，结果与原因，智能与非智力因素等各项因素的总体性评价。

过程性评价能深入到学生的成长历程中去，能及时了解学生在发展中遇到的问题、所做出的努力以及获得的进步，这样可以有效地帮助学生形成积极的学习态度、严谨的探究精神，有利于学生在学习过程中情感的体验、价值观的形成。

过程性和综合性评价是为了实现学生"知识与技能""过程与方法"以及"情感、态度与价值观"的全面发展。

（四）教师教学质量综合评价

所谓教师教学质量综合评价，就是利用教育评价的理论和技术对教师教学过程及其结果是否达到一定质量要求做出全面的价值判断，其目的是促进教学质量不断提高和对被评价对象做出某种资格证明。教学质量综合评价的特点是对评价对象进行整体的、全方位的、动态的评价，而不仅仅对教学结果进行评价。建立科学全面的教师教学质量评价体系，对教师的教学质量进行客观合理的评价，可以使教师获得全面综合的反馈信息，有利于教师及时改进教学工作方法，同时也可以为教师晋级、职称评聘、年度考核评优等工作提供基本的依据，有利于促进高校管理更加科学化、规范化。

综合评价的目的是：

1. 检测教学效果

教师教学质量综合评价是一种有目的、有计划、有组织的动态评判过程。综合评价可以通过问卷调查、指标评分、推门听课等方式，收集有关教师教学各个侧面的信息，然后根据一定的评价标准对这些信息进行科学客观的分析处理。对教学目标是否达到、教学任务是否完成、教师的教学方法及水平如何等方面的指标都可以通过教学综合评价加以测定。教学质量综合评价不仅要对教师的教学内容、学生知识点的掌握情况进行测定，还要对学生学习态度、兴趣、方法等较难量化的内容进行科学的检测。

2. 反馈教学问题

对教师教学质量进行评价仅仅是一种手段，它所获得的信息还必须通过一定的系统迅速准确地反馈给有关部门和教师。通过教学综合评价，教师可以了解自己的教学目标是否合理，教学重点难点是否讲清，教学方法手段运用是否得当，从而调整教学策略，改进教学行为，有针对性地解决教学中存在的各种问题；同时通过教学综合评价，有关部门可以及时准确地获得教学信息，通过对这些信息的分析处理，及时调动各种调控机能，对教学过程中出现的问题进行纠偏整改，对影响教学质量的主要因素进行控制，预防其对教学过程可能产生的负面影响，从而保证教学活动的有序高效进行。

第五章

新时代背景下高校教师师资结构建设

第一节　改善师资结构的重要意义

改善教师队伍结构是加强教师队伍建设的题中应有之义。一支结构不合理的教师队伍不可能成为一支合格的教师队伍。结构优良能保障教师队伍整体功能的发挥，在一定程度上弥补教师队伍素质参差不齐的缺陷，而单个老师能力出众并不能消弭结构失衡产生的副作用。地方本科院校应当充分认识改善教师队伍结构的重要性，真正把优化师资结构作为事关教师队伍建设、事关学校发展长远的大事来抓。

一、教师队伍结构影响学科建设和教学效果

学科建设是学校发展的基础和根本，没有一流的学科便没有一流的学校。而学科建设的质量和水平又取决于教师队伍的结构和质量。当前各高校都在创建"双一流"大学，即建设世界一流学科和一流学校，而决定"双一流"建设的，不是学校的规模和硬件设施，而是师资队伍。要建设一流的学科和一流的高校，首先要有一流的师资结构和质量。当下地方本科院校不仅缺乏顶级的学科带头人，更缺乏优良的师资结构。一是过于明显的学缘、地缘结构导致教师队伍"近亲繁殖"，教学科研的视野、思路、方法高度趋同，不能在不同观点和理念的碰撞中产生创新的火花和灵感，使学科建设难以突破陈旧的范式取得质的发展，也使课堂教学难以呈现新的视点和见解。二是教师专业与学科的不匹配影响教师主动性和创造性的发挥，部分教师在学校学科专业拓展中被调整到新的学科专业从事教学科研，既缺乏扎实的专业功底，又难以产生内生的兴趣和动力，大都抱着应付的态度来对待本职工作，无论教学还是科研，都很难期待他们在学科建设上有新的建树。三是年龄、学历结构的趋同性严重影响老师专业能力的成长。缺乏领军人物的传帮带，年轻教师只能通过自己的不断摸索来实现自我提

高，不仅成长速度相对缓慢，而且容易误入歧途，事倍功半。更严重的是，由于年龄和学历的接近，教师之间在争取外出进修、访学、培训等难得的专业发展机会时必然产生激烈的竞争，相当一部分教师长期被束缚在三尺讲台，无法通过学习培训更新知识储备，提升教学和科研水平。人生最有激情最容易出成果的 25 岁至 45 岁的黄金时段，大都在忙碌的常规教学中流逝了。这对教师的自我发展是损失，对学校的学科建设也是重大损失。

二、教师队伍结构影响育人质量，制约供给效能

自从国家层面提出进入经济新常态、推进经济供给侧结构性改革的方略之后，高校作为经济供给侧的重要主体，也面临着提高供给质量、优化供给结构的巨大压力。长期以来高校人才培养和社会供给都带有强烈的计划经济色彩，不注重社会对人才和科研成果的实际需求，导致高校提供的社会供给与社会实际需求严重脱节。一方面产业升级、文化发展所需要的人才和技术高校无法提供有效供给，另一方面高校学生又一直面临就业难、就业质量不高的困境，供需错位和供给过剩的现象揭示出高校人才培养方面存在明显的短板和"软肋"，也呼唤高校加快学科结构调整和专业能力建设的步伐。地方本科院校早已开启了转型发展的序幕。在很大程度上，转型发展和提供有效供给方向一致，内涵相近，都需要在完善人才培养体系、调整学科和专业结构上有新的作为。反观当下地方本科院校的现状，在培养专业人才、优化专业结构上常常陷入"心有余而力不足"的尴尬局面。师资结构的缺陷制约着人才培养和专业调整的进程。从人才培养质量的角度来看，教师学历结构的单一性决定了学生能力的单面性。地方本科院校的教师普遍缺少经济社会发展一线的经历，他们培养不出社会需要的具有较强实践动手能力的学生；教师专业知识的单一性决定了学生知识构成的单面性，对专业之外或跨专业的知识所知甚少，甚至在人文素养方面缺少必要的修炼，这就限定了他们综合素质的形成，最终削弱了他们的社会适应能力和自我发展能力。要提高人才培养质量，归根结底要落到优化师资结构上。从学科建设和专业设置的角度看，地方本科院校要顺应经济发展新常态，满足社会和市场对人才和科技的需求，必须增强学科和专业设置与产业升级和文化建设的契合度，不断淘汰过剩的专业和学科，增设和做优社会需要的学科专业。这种结构调整最终依赖教师队伍结构的优化调整。地方本科院校要根据学科的专业布局，打破原有的师资结构，按照专业发展需要配置教师资源，将适合社会需求专业的教师配足配强，转岗和消化好过剩专业的教师，以良好的师资结构保障学科与专业结构的优化调整。

三、教师队伍结构影响教师职业幸福感和成就感

良好的结构能够让每一个个体在结构内找到合适的位置，发挥应有的作用，获得

相应的收益和幸福；而失衡的结构会导致人力资源的浪费和工作效率的低下。在地方本科院校现行的师资结构中，普遍存在因结构失衡导致的教师苦乐不均、丰歉不匀的现象，对部分教师的工作积极性和幸福感造成了负面影响。有的专业教师人满为患，每学期的课时量严重不足，按照"兼顾效率"的分配原则，一部分老师不仅领不到奖励性绩效工资，而且因达不到平均课时量，其基础性绩效工资也要打折扣，与课时量充裕的教师形成明显的收入差距。对他们来说，不是他们自己不想上课，也不是上不好课，而是学校没有安排足够的课给他们上，他们始终找不到传说中的"获得感"，职业幸福感更加无从谈起。另一部分专业教师奇缺，很多教师一个人上三至四门专业课，虽然到年终结算时奖励性绩效拿得比较多，内心却并无幸福感可言。在他们看来，每天在备课、上课和批改作业中疲于奔命，充满职业倦怠感，一个老师从事多个专业课程的教学，新备一个专业的课要花去大量的时间和精力，其劳动强度远远大于增加几个课时。同时把大量的时间和精力花在教学上，使他们顾不上做课题搞科研，影响职务晋升和能力提升。所以在师资结构失衡的条件下很少有老师能够找到自己满意的职业定位和发展空间，这种自我认知又反过来影响教师主动性和创造性的发挥，最终影响学科和专业建设以及学校的持续发展。改善师资队伍结构不仅是加强教师队伍建设之重点，也是推进学校转型发展之难点。

第二节　改善师资结构的主要目标

什么样的师资结构才是科学合理的结构？应当说很难确定一个统一的标准。不同层次和类型学校的师资结构都会有所不同，综合型大学的师资结构与专业型大学的不尽相同，学术研究型高校与应用型高校的师资结构也会有所不同。单就地方本科院校而言，从学校的办学宗旨和办学方向出发，遵循高等教育办学规律和人才成长规律，应当可以归纳出几个大致的师资结构特点和要求。[①]

一、优化年龄结构，形成梯次、递进和充满活力的师资队伍

年龄结构是教师队伍结构的基石，其他结构都与年龄结构有着密切的关系，教师队伍的年龄结构科学合理，就能够为其他结构的优化奠定好基础。从国外高校的教师队伍看，理想的教师年龄结构应该是30岁以下的比例小于20%，30~50岁的比例在60%左右，50岁以上的比例在20%左右。考虑到地方本科院校在专升本时引进了大批

---

① 田莉，余呈先. 市场营销特色专业建设研究［M］. 合肥：中国科学技术大学出版社，2018.

年青教师这一事实，优化教师队伍年龄结构应当将重点放在引进中年骨干教师上。每年在制定教师招聘计划时，科学分析本校的师资年龄特点，适当控制 30 岁以下教师的数量，通过优惠政策招揽一批 40 至 45 岁的中年优秀人才，以更优厚的待遇引进少数 50 岁以上的高层次学科领军人物。这样的老中青相结合的年龄结构有利于构建领军人物挂帅、中年学者担纲、青年教师参与的教学科研团队，不仅可以充分发挥"传帮带"的师徒效应，让青年教师尽快成长，而且能够将年长学者的智慧、中年学者的成熟和青年教师的活跃有机结合，达到取长补短、相得益彰之效果。更为重要的是，能够保证本校的优势学科和重点专业薪火相传、后继有人。对现有青年教师比例过大的问题也要通过综合措施认真加以解决，如鼓励他们继续进行学历深造，或选送去国内外名校访学，或推荐到当地党委政府部门交流任职和担任科技特派员，还可以根据青年教师个人的专长和特点，鼓励一部分青年教师以教学为主，一部分以科研为主。这些举措不仅可以有效化解青年教师群体过大的矛盾，同时也能为学校未来发展涵养后劲。

二、优化学历结构，形成良性互动、稳定和谐的师资队伍

学历在一定程度上代表着教师的专业素养，是评价一所高校教师队伍总体质量的重要指标。地方本科院校教师的学历结构存在明显失衡，主要是学士、硕士和博士的比例严重失调。据调查，大多数地方本科院校的教师队伍，具有博士学历的教师占比为 10% 左右，本科学历占比在 10% 以下，而硕士学历教师占比达 80% 以上。师资队伍的学历结构不是合理的椭圆形，而是中间部分过于膨胀，几乎形成圆形。这种学历结构对学校和教师个人的发展十分不利。对地方本科院校来说，应对这种挑战的关键在于解构现有的教师队伍学历构成，真正将圆形结构打造成椭圆形结构，大力引进一批具有博士学历的教师，使博士教师达到专任教师总数的 30% 左右，硕士学历教师占 65% 左右。以学历结构的优化来为教师职称晋级和稳定人才、调动教师教学科研的积极性提供有效保障。

三、优化经历结构，形成功能完善、能力互补的师资队伍

教师的经历往往与其能力水平密切相关，优化教师的经历结构就是优化教师的能力结构。地方本科院校必须在较短的时期内解决教师学术经历有余、实践经历不足的问题，以适应学校转型发展和培养应用型人才的需要。从教师队伍引进和培训两个环节着力，有计划地将一批具有丰富一线社会工作经验的专业人才充实到教师队伍中来，引导和鼓励一些年轻教师到企业和行业进修学习、挂职锻炼，丰富他们的实际阅历和动手能力。同时秉承不求所有但求所用的原则，根据人才培养和专业发展需要，聘请

企业、行业和政府机关资深的专家和管理者作为学校的兼职教师。力争通过三五年的努力，实现"双师型"教师占专任教师比例30%的基本目标，然后再根据学校发展的实际需要，逐年提升"双师型"教师的占比，确保教师的经历结构与地方本科院校人才培养的要求相适应。

四、优化职称结构，形成衔接有序、晋级有望的师资队伍

在高校，职称关乎每个教师的社会荣誉和经济待遇，是教师群体极为关注和看重的荣誉。在现行体制下，一所高校各个层级的职称数量又是依据学校教师总量和学校办学档次作了明确规定的，优化教师的职称结构，学校的作为受到多方面的制约。对地方本科院校来说，自我调控的空间微乎其微，很难施展拳脚。然而职称又是学校最重要的资源，对引导学科建设、专业发展和调动教师教学科研积极性具有不可替代的作用。因此，做好优化职称结构这篇文章，是各个高校特别是职称资源比较稀缺的地方本科院校必须交出的答卷。一是科学确定各类职称的占比。教学是高校的主体职能，在职称的分配上必须将主要职数分配给教师序列，各级职称中教师序列所占比重不能低于80%，特别是正高职称教师序列应当占到85%以上。只有这样才能真正引导和鼓励教师在教学一线建功立业。二是合理建构各个层级的职称结构，确保每个层次的职称数量留有余地，使每个层级的教师都能够看到晋级的希望。在招聘教师和引进高层次人才时，应当充分考虑学校现有的职称结构，对已经趋于饱和的职称层级，可以不引进或少引进相同层级的教师和人才，以免造成教师职称晋升的"肠梗阻"，影响在校教师的积极性。特别是对高职称人才的引进，一定要以引进学科带头人为主，不能为达到数量目标而引进。三是严格职称晋级条件，不宜随意降低晋级门槛。一些地方本科院校在升本之初为了凑足某个层级的教师数量，有意放宽晋级条件，使一部分教学和科研水平并没有达标的教师获得了渴望已久的职称，几年之后，这个层次的职称数量已经饱和，很多有水平有成果的教师却迟迟得不到晋升，因而萌生了调离的愿望，从而导致优秀人才大量流失。越是珍稀的资源越要用到要害处，任何有意或无意的浪费都会给学校教师队伍建设造成损害。

五、优化专业结构，形成特色鲜明、适应需求的师资队伍

建立一支专业能力结构与经济社会发展需求高度契合的师资队伍，是地方本科院校教师队伍建设最艰难的任务。一方面，社会产业升级和技术创造对专业人才的需求变化是比较快的，另一方面学校教师专业能力的培养和调整是比较慢的，快与慢的错位很容易使学校教师的专业结构落后于产业发展的需求，进而使地方本科院校学科专业能力的培养和调整是比较慢的，快与慢的错位很容易使学校教师的专业结构落后于

产业发展的需求,进而使地方本科院校的学科专业设置滞后于社会需求的变化。教师队伍的专业结构在很大程度上决定了学校学科专业的结构,而学校学科专业结构又决定了学校能否为社会提供优质适切的供给。通过专业强化学校办学特色定位和根据学校特色定位进行专业增设,是发展学校的最根本的做法。所以在一定程度上可以说,教师专业结构决定了地方本科院校的前途和命运。首先学校应当根据经济社会发展变化的趋势确定学校重点建设的学科和专业,科学制定学科专业建设规划,其中既包括兴建新的紧贴社会需求的专业,也包括做优学校部分有发展前景的老学科和专业,淘汰一些过时的没有市场前景的劣势专业。学科和专业建设应当突出地方性和特色。其次着眼于学科专业建设制定专业教师队伍发展规划,集中学校主要资源引进和培养专业建设急需的专业教师,以优质的专业教师保证一流的学科专业建设,同时分流消化过剩专业的教师。第三就是建立常态的教师专业结构调适机制,鼓励教师知识结构多元化,专业能力多元化,使教师队伍专业结构保持动态的合理性。

六、优化学缘、地缘结构,形成五湖四海、兼收并蓄的师资队伍

防止因地缘、学缘关系导致经济利益和学术权益的固化,形成开放包容的师资队伍结构,对地方本科院校的内涵发展具有十分重要的意义。从现实情况看,高校之间人才竞争较21世纪之初有所缓和,高校对人才的需求也由量的扩张渐渐转为质的提升。地方本科院校应当改变升本之后那种借助学缘和地缘关系招聘人才的方式,用更加开阔的视野和更加开放的措施去引进人才,在人才招聘时坚持唯才是举原则,不以地缘、学缘论亲疏,特别要注重录用综合性名牌大学毕业的研究生和博士生;在人才使用时坚持量才录用,以真才实学论优劣、定奖励。对在招聘工作和日常管理中以学缘、地缘关系损害公平公正的人和事应当严肃处理,以儆效尤。随着高校办学国际化步伐的加快,地方本科院校应当加大外籍优秀教师的引进力度,真正突破教师队伍的地缘、学缘关系,形成"五湖四海"的教师队伍结构,使地方本科院校成为各种学术流派、学术观点、科研思维、教学方法相互碰撞、相互探讨、相互融合的重要平台。

第三节 改善师资结构的主要思路

改善教师队伍结构是地方本科院校重要而紧迫的任务,也是艰巨而复杂的系统工程。每出台一项相关政策,每采取一项调整措施,都会关涉到教师的切身利益,都有可能招致方方面面的质疑和阻力。所以推进教师队伍结构改善,必须统筹兼顾,科学

决策，明确思路，统一思想，形成合力，务求实效。①

一、坚持以学科专业建设为核心

师资结构调整必须以学科专业为依托，紧紧围绕专业建设来展开。脱离学科和专业建设来调整师资队伍结构，就会失去着力点和实际归宿，必然成为无源之水，无本之木。学科和专业建设是调整师资结构的主要依据，也是检验师资结构调整是否到位，效果是否明显的唯一标准。师资结构调整必须始终适应和满足学科专业结构调整的需要。基于此，地方本科院校在调整师资结构的过程中，应当建立健全三个重要机制。一是敏捷的社会需求反应机制。突破传统的专业和课程设置闭环，建立面向社会需求的反应敏捷的调适机制，对高校课程设置和专业调整至关重要。高校应当组建专业团队对国家重大产业特别是新兴产业的形成与发展进行系统分析，加强对区域经济发展方向的研究，积极参与地方经济和文化建设，把握国家产业布局和发展趋势以及区域经济特点，并以此作为学校专业和课程调整的现实依据。在目前的高校专业设置中，应从对社会经济发展情况的考察，信息的搜集、汇总、研究，大的行业背景基本状况的分解，到确定专业设置意向后对具体用人单位调研的行业背景的专业化透视，再到根据对从业人员能力的分解、专业课程设置的完成，专业设置的每一步都应该与行业背景发生密不可分的联系，只有深度融入国家和地方的经济文化建设，地方本科院校才能科学合理地确定学科和专业布局，进而引领学校教师队伍结构的调整。二是有效的专业创新机制。地方本科院校要实现为地方经济社会服务的职能，在专业建设上应当具备较强的社会适应和创新能力。对新兴产业和新的人才需求导向不仅要有敏捷的认知和把握能力，还要有快速的行动力，或率先组建新兴的专业，或以原有优势专业为基础加以改造和创新。谁能在时间上领先，谁就抢占了专业建设的先机或制高点。这种行动上的敏捷既需要有一支高素质的适应能力超强的教师队伍做保障，同时也能够进一步促进教师队伍结构的优化。三是强力的专业引领机制。地方本科院校在专业建设上不能满足于被动适应经济社会发展的需要，而应当通过技术集成和科技创新用先进的专业建设引领产业革命和文化发展。"大学与社会的关系应该是引领与被引领的关系，即大学应该定位于社会前列"。被动适应不能体现高校的存在价值，只有主动引领才能真正发挥高校人才密集和科技聚集的资源优势。如果地方本科院校只是被动迎合社会需求来调整专业结构，专业建设永远都无法真正与社会需求同步从而实现高度契合，而且师资队伍结构也会在被动适应的过程中出现疲惫和麻木。只有变被动为主动，地方本科院校才能聚精会神来抓优势学科和特色专业的建设，才能使师资结构保持相对稳定，使广大教师的聪明才智得到充分发挥。

---

① 代祖良. 创新校园文化的途径与方法［M］. 北京：光明日报出版社，2018.

二、坚持以教育发展规律为遵循

优化教师队伍结构必须严格遵循高等教育发展规律，既不能照搬照抄其他行业和部门的做法，也不能搞长官意志和轻率决策。第一，坚持眼前与长远相结合。调整和优化教师队伍结构，一方面要着眼当下，按照问题导向思维，解决好教师队伍结构失衡、效率低下的问题，特别要破解好学校教师资源不足和浪费严重、"产能过剩"和有效供给不足同时存在的矛盾，以优良的师资结构来提升育人质量和办学效益。另一方面又要放眼长远，把握经济社会发展趋势和变化规律，把握高等教育的发展方向和内在规律，让思想观念紧跟时代发展的步伐，用前瞻性思维来谋划专业布局和师资结构，防止结构调整大起大落，劳民伤财。第二，坚持坚守与应变相结合。师资结构调整应当坚守高等教育的话语体系，用符合高等教育规律和高知识群体特点的思维和方法来推进，不宜完全套用市场经济的方法和物质刺激的手段来推进师资结构调整；应当坚守本校的办学特色，以学科特点和专业特色为基础，打造独具特色的师资队伍结构，不宜东施效颦，丧失本色，导致师资结构大众化和同质化。与此同时，又要用开放和开明的心态谋划师资结构，善于和勇于吸纳新的资源，吸收新的理念，吸取新的经验，因势而变，顺势而为，使师资队伍结构与时俱进，充满了活力。第三，坚持实际与创新相结合。实事求是、从实际出发是马克思主义的思想路线，也是优化地方本科院校师资结构的基本方法。一方面打造优良的师资队伍结构，要立足于学校的实际，包括办学条件和教师队伍实际情况，循序渐进、协调推进，切忌贪大求全、好高骛远、急躁冒进。另一方面又要大胆创新，在路径上、方式上、方法上独辟蹊径，根据不同的情况、不同的对象和不同的问题采取不同的方法和措施，因时施策、因事施策，切忌食古不化，简单粗放。

三、坚持以动态化管理为手段

师资队伍结构的优化调整，实质上就是打破原有的固化结构，突破原有体制机制的藩篱，清除一评定终身的陈规，构建充满活力的动态师资结构，让各种要素自由流动，各类资源活力迸发。没有管理上的创新做保障，师资结构调整只能是一个美丽的"童话"。一是职称能上能下。长期以来，高校教师的职称都是"单行道"，只能上不能下，职称是每一个教师极大的追求，也是极好的保障。个别教师开展教学只为攒够课时量，申报课题撰写论文只为迈进职称晋升的门槛。一旦目标达到，便不思进取。有职称这个"丹书铁券"的保护，他们能完成本职工作已属难能可贵，至于寄希望于他们关注科技前沿，更新专业知识，拓展专业领域，提升专业能力，那无异于缘木求鱼。只有开通职称既能上也能下的路径，并根据考核教学业绩和科研成果，对无所作为的教师实行高职低聘，才能激活他们的内在动力和内在潜力，也才有可能在师资结构调整中具有更大的适应性。二是职务能升能降。由于官本位思想的影响和地方本科院校行政权力高于学术权力的现实，很多教师通过各种途径从教学岗位转到行政管理岗位，并行使相应的管理职能，甚至一些功成名就的教授也放弃学术研究跻身于行政管理行列。实际上，即使在高校这种行政色彩相对淡一些的单位，也一直保存着职务能升不能降的传统，导致行政职务也成了安稳的"避风港"，成为很多教师向往的栖身之所，在这里既能掌握一定的资源，又能避免学术科研的竞争压力。一些学术能力较强而管理能力不足的教师也想方设法往行政岗位转，结果使原本不多的老师资源被浪费，行政管理效能又受到影响。加强对行政管理人员的目标管理考核，对不能胜任本职工作的管理者实行降职处理，让行政管理岗位也经受风评和考核的检验，使行政职务不再成为人人向往的"避风港"。如此便能较大程度地提高管理效率，减少行政人员，让一些优秀教师重新回到教学一线，提高地方本科院校教书育人的整体水平。三是岗位能少能多。总体上教师资源的相对稀缺是优化师资结构的最大制约，这种稀缺既表现为地方本科院校在人才引进时选择度不高，一些急需人才资源稀缺，难以引进；也表现为受人事编制限制，校内的专业教师数量不足，师生比偏大，加之学校面面俱到的管理系统占用了较多的事业编制，在一定程度上加重了专业老师总量不足的程度。在这样一个大背景下，要根据学科专业建设的需要来优化师资结构，无疑是一项难度极大的工作。要实现师资结构优化的目标，最有效的方法就是提高能力复合型老师的比重，让大多数教师具备一专多能的素质，既能在某个岗位做出骄人的业绩，又能胜任有一定关联性的其他岗位的工作。只有这样才能在地方本科院校去掉落后"产能"、培育新兴专业的过程中得到及时有效的师资保障。学校一方面应当引导和鼓励教师关注产业发展和科技前沿动态，突破学科和专业壁垒，加强相关领域的课题研究和技术攻关。另一方面要加强教师的培养和培训，根据学校发展规划和专业建设重点，提前安排教师进行新知识、新技术和新能力的培训。对专业调整之后的富余师资，也要通过进修培训，找到并胜任新的工作岗位。[①]

四、坚持以服务促优化为原则

优化师资队伍结构，既要有科学求实的精神，更要有服务至上的理念。过分强调行政推动力和制度约束力，而忽略高校自身的特点，放弃服务师生的基本宗旨，是无法实现优化教师队伍结构目标的。高校作为大型或巨型知识型组织，其文化特质、成员素质、民主诉求度与自我领导能力等特点决定了组织的发展必然更多地依靠师生焕发的积极性和创造性，管理过程的顺畅高效更多地依赖于师生的主动精神和自我约束、

① 王官成，苟建明. 高职院校文化育人的创新与实践 ［M］. 北京：光明日报出版社，2018.

激励状态。以提供优质服务为手段，激发教师的主动性和创造性，是优化师资队伍结构的最佳路径。一是寓服务于以人为本之中。确立以人为本的思想，是开展优质服务的逻辑起点，一个以物为本或视人为物的管理者是不可能产生服务意识的。在优化师资结构过程中，必须突破把人与财、物并列起来作为管理对象的传统思维，突出人的主体性和主体地位，把尊重人、关心人、依靠人、理解人、凝聚人、发展人、谋求人的全面自由发展作为组织管理的主要追求和目标，充分调动人的积极性，发挥人的主观能动性，增强群体的信任感和凝聚力。优化师资结构，让教师在各个岗位上都能有所建树，必须激发和保护好教师内在的主动性和创造性，否则师资结构调整只能成为一种摆设。把教师作为学校学科专业建设和优化师资结构的主体，竭诚为他们服务，是激发和保护他们主动性与创造性的唯一途径。二是寓服务于思想政治工作之中。优化师资结构必然会影响一部分教师的切身利益，导致一部分教师对个人事业的发展定位做出新的调整。我们既不能要求每一位教师都有很高的思想境界和大局意识，也不能一味运用行政权力和制度规定强迫他们绝对服从，而是要通过耐心细致的思想政治工作和周到细微的服务赢得他们的信任，用学校未来发展的愿景培育共同的价值取向，用独特的校园文化情结达成群体意识，使每一位教师都对学校的学科专业建设和师资结构调整发自内心地认可和支持，形成强大的工作合力。三寓服务于民主决策之中。无论是优化学历结构还是职称结构，抑或是打破学缘、地缘结构，每一项政策措施的出台，都要尊重和保护教师的知情权、参与权和决策权，坚持人格平等、相互尊重，并通过平等对话、沟通交流，达到集思广益、科学决策的目的。教师参与决策，并不只是起着提建议、谋良策的作用，更重要的是统一认识、达成共识、推动落实。如果仅仅把教师当成执行学校政策规定的工具，再好的决策都难以落到实处，实现预期效果。四是寓服务于竭诚为教师排忧解难之中。受办学条件和经济实力的制约，地方本科院校相当一部分教师的工作和生活都存在一些不尽如人意之处，师资结构调整还会给一部分教师增加新的困难和困惑。如果我们两眼只盯住前方的目标，而不顾后面留给教师的困难和问题，这样的进步是走不了多远的。只有"瞻前顾后"、协同推进，才能获得成功。所以对师资结构调整过程中出现的矛盾和问题，特别是教师遇到的困难，应当高度重视，及时主动为他们排忧解难。对那些冗余专业的老师，对那些专业转换有困难的老师，对那些因能力或业绩不能胜任本职工作而受到降级降职的老师或管理人员，要因人而异，有的放矢，采取不同的方法措施，帮助他们卸掉包袱，提供新的创业机会和事业平台，以和谐安定的干事环境保障师资结构调整工作的顺利进行。

第四节　构建新型师生关系

高校中最重要最基本的关系就是师生关系。良好的师生关系能够极大地激发教师的主动性和创造性，提升教师的事业成就感和职业幸福感，因此，改善师生关系也是加强教师队伍建设的重要路径。

一、构建新型师生关系的现实意义

（一）构建新型师生关系关乎人才培养

什么样的师生关系在很大程度上决定培养什么样的人才。在把创新作为社会发展主要动力的新时期，需要的是具有创新意识、创新精神和创新能力的人才，这也是时代赋予高校的神圣使命。在传统的统治与被统治的师生关系中，学生唯老师之命是从，没有独立的人格和意识，没有主动的探究和思考，不能质疑前人和老师的观念，不敢突破原有思想的禁锢，学生的创新意识都无法生成，更不要说创新能力的培育了。地方本科院校承载着为社会培养创新型、应用型人才的重任，只有将社会主义核心价值观引入新型师生关系建设中，确立民主、平等的师生关系，才有可能实现创新型人才的培养目标。没有良好的师生关系，教育的最终目的和眼前目标都将落空，在民主的师生关系中，学生的主体独立性能够得到保护和尊重，其个性和特长能够得到合理的张扬，教师不再成为他们兴趣爱好的压制者，而是启发者和引导者。教师不再强行把自己的观点灌输给他们，而是与他们一起讨论探究，让他们自主消化吸收。学生学到的是自己喜爱和理解的知识，发展的是自己的特长与个性，获得的是创新的喜悦和能力。在平等、民主的新型师生关系中培养出来的学生必然充满朝气，充满对生命个体的肯定、张扬和热爱，具有昂扬向上的精神和热情洋溢的气质，以及勇于创新的豪情和锐气。这正是我们这个伟大的时代所需要的人才。

（二）构建新型师生关系关乎教师成长

虽然历来就有"教学相长"的说法，但在传统的师生关系中，权力和道义上的显著落差决定了教学过程是一个单向输出的过程，学生只是一个被动地仰视的受教者。这种师生关系定位不仅助长和固化了老师的封闭与固执，也抑制了学生独立思考意念和见解的生成，阻断了学生与老师正常交流的通道。老师无法获得任何从学生身上得到建议和启迪的可能，因而老师也就无法借助学生的力量来提升自己，"教学相长"只不过是一个没有实际内容的空洞概念而已。构建新型的师生关系，其主旨在于变单向灌输为双向交流，变强制传授为平等探讨，教师和学生在知识和能力的生成中成为互相授受的主体。教师不再仅仅是授业者，在与学生的对话中，教师本身也得到教益，学生在被教的同时反过来也在教育教师，他们合作起来共同成长。许多事例证明，学生特别是大学生的知识拥有量和思维成熟度并非教师想象的那般简单幼稚，学生思想之活跃、思维之敏锐常常胜过许多老师，在相互的交流讨论中学生往往能开阔老师的视野，丰富老师的思维，提升老师的教学水平。如前几章所述，教师的自我提升和自我成长是教师履行立德树人职责的基本保障，而在众多教师自我提升和成长的路径中，以生为师是最便捷最有效的路径。学生是教师最主要的服务对象，是教师劳动成果最直接最主要的"消费者"，从他们那里得到的批评和建议应当最准确，最有价值。革除传统师生关系的流弊，真正构建"教学相长"的师生关系，是加强教师队伍建设的重要手段。

（三）构建新型师生关系关乎学校发展

师生关系是高校一切关系的基础，良好的师生关系是维护学校正常秩序、构建和谐校园、凝聚发展合力的基本前提。分析地方本科院校存在的诸多矛盾和问题，都可以从师生关系中找到原因。苏霍姆林斯基说："我坚信，常常以教育上的巨大不幸和失败而告终的学校内许许多多的冲突，其根源都在于教师不善于与学生交流。"老师与学生缺乏基本的沟通交流，导致师生关系疏远、紧张，很多通过协商能够解决的问题很容易酿成师生之间的冲突，甚至引发群体性事件，严重影响学校大局稳定和办学声誉；很多重要的教学资源，会因为师生关系的疏离而难以有效发掘利用，影响学校教育质量和教学效益的提高。尤其是师生关系的紧张疏离会影响学校共同价值观和校园文化的形成，强化封闭、保守和无所作为的落后意识，破坏教书育人的秩序和氛围，使学校深陷矛盾冲突之泥潭而无法自拔。

构建良好的师生关系，能够从根本上形成地方本科院校自我发展、自我完善和自我调节的功能。学校整体的发展以每一个个体的发展为前提，良好的师生关系是实现每个个体正常发展的重要保障，扭曲的师生关系必然扭曲个体的人格成长。学校要实现运转有序、管理高效，需要每个成员都有成熟的自律和参与意识，良好的师生关系能增强学校每一个教职员工的归属感和合作意识，扭曲的师生关系必然使一部分成员形成乖张和叛逆的意识，影响学校工作方针和管理措施的落实。学校要打造和谐文明校园，需要人与人之间，组织与组织之间有自我调节、自我纠错的功能，防止小事情激化成大矛盾，而良好的师生关系是增强调谐纠错功能的基础，良好的师生关系既能减少矛盾的发生，更能将矛盾化解在萌芽状态，把问题解决在基层层面。构建新型师生关系，是解决地方本科院校各类问题的"纲"，抓住了这个纲，就抓住了主要矛盾，就能够把握高校工作的"牛鼻子"和主动权。

二、改善地方本科院校师生关系的重点

改善师生关系，从一般意义上讲，需要双方同时发力，在共同目标的指引下，不断加深理解，增进交流，消除隔阂，消解误会，化解矛盾，任何一方持消极或不合作态度都不可能使关系得到真正改善。但在实际行动中，关系双方的责任和作用并不是完全对等的，责任有轻有重，作用有大有小。在师生关系中，受年龄、知识、权威和社会地位等因素的影响，改善师生关系的相对主动权掌握在教师手中，主要责任和突破口也在教师身上。因此，改善师生关系应当重点在教师身上着力，充分激发教师改善师生关系的积极性和责任感，以此感染和带动学生，形成师生双方改善关系的共同合力。就老师而言，要改善师生关系，必须真心诚意做到以下几点。

（一）尊重学生的主体地位

每个人都有被认可和被尊重的心理需求，在交往中这种需求如果被满足，就会对对方产生良好的印象，因而为进一步加深交往、增进交流奠定基础。现在很多大学生都是独生子女，有的还是在单亲家庭中长大的，希望被尊重和被认可的心理需求更加强烈。分析现阶段师生关系疏离的根源，重要一条就是老师没有摆正学生的位置，没有发自内心地把学生当作教育的主体，因而对学生的地位、个性和爱好缺乏应有的尊重和包容，最终导致学生对教师"敬而远之"。每一个老师都应当时刻意识到：

第一，学生是独立的生命个体。我国地方本科院校的学生年龄一般都到了 20 岁左右，生理发育基本成熟，身体形态逐渐稳定，自我意识逐步加强，个性特征初现端倪。特别是信息技术的发达使他们对许多事物都有自己的见解，价值取向、情感态度和思维方式基本成型。同时他们对周围的人和事又保持相当的敏感，情绪情感波动很大，对外界施与的影响保持高度的警惕和戒备。教师在与学生交往的过程中，务必了解和掌握学生的这些特点，把他们当作成长过程中的生命个体来看待，理解和包容他们在某些方面的不成熟，尊重学生的个性独立，切忌将老师个人的思想观念和价值判断强加于学生，切忌用僵化统一的标准去评价学生，切忌武断地否定学生的独立见解和鲜明个性。老师应当以尊重体现诚意，以诚意取得信任，以信任实现教化。①

第二，学生是学校的主体。这是现代大学教育的常识性概念。但受传统教育理念的影响，很多地方本科院校的教师并没有完全认同这一论断，因而在教学工作中时常颠倒学生的主体地位，自觉不自觉地把自己凌驾于学生之上。其实，学校的价值在于培养学生，学生是学校一切工作的出发点和落脚点，一切为了学生，为了学生的一切，为了一切的学生，这几句有点拗口的口号确实揭示了现代大学的基本价值取向，明确

---

① 杨冰. 城市型应用型大学创新创业人才教育教学改革与创新［M］. 北京：知识产权出版社，2018.

了学生在学校不可撼动的主体地位。学生是学校存在的意义所在，只有学生的成长，才有学校的进步；只有学生的成功，才有学校的荣耀。即使从营销的角度来解释，学生是学校主体的观点也是成立的：学生是学校教育的消费者，他们用学费购买学校的服务，是地方本科院校最主要的"顾客"群体，营销的铁律就是"顾客是上帝"，"上帝"就是主宰，就是主体。学生是学校主体的观念应当根植于教师的思想深处，成为教师最重要的职业意识和行动自觉。

第三，学生是教师价值的载体。教师的天职就是育人，教师的职业价值就是培养人。因此，学生是展现教师价值的重要载体。衡量一位教师对社会的贡献，不在于发表了多少篇论文，也不在于获得了多少表彰奖励，而在于他培养了多少优秀的人才。学生是教师个人理想抱负的传承者，是教师个人才华能力的体现者，也是教师职业幸福的生成者。没有学生就无所谓老师，没有学生的存在，就没有教师的一切含义。教师的成长既依附于学生的成长，也借力于学生成长，在教学相长中实现师生的共同进步。师与生相辅相成，既相互独立又相互依存，既相互对立又相互统一。教师应当把学生当作合作的伙伴、服务的对象。

（二）确立师生的平等关系

学生和老师是最重要的两大群体。从师生关系是否融洽和谐，可以看出学校管理水平的高低和教育质量的优劣；从师生关系是否平等，可以判断学校教育理念的先进与落后。如果教师依然处于居高临下的地位，不仅可以随心所欲地体罚学生、歧视学生，还可以任意侮辱学生的人格，打压学生的个性，这样的学校是与现代大学教育理念格格不入的，也是注定会被时代淘汰的。地方本科院校要为中华民族伟大复兴培养更多创新型人才，就必须以平等化为取向，建立平等的亦师亦友的新型师生关系。

第一，确立师生人格平等的观念。教师和学生，分别承担着教与学的责任。两者虽然所从事的职能不同，虽然承续着予与取的关系，但师生之间并没有高低贵贱之分。从大处讲，学生与教师都在完成传承文明、弘扬文化的历史使命；从小处看，学生读书、教师教书，都是为了在社会上获取生存的空间，实现生命的价值。今天的老师是昨天的学生，今天的学生也有一些会成为明天的老师。老师没有理由也没有必要自以为比学生优越，学生也没有必要在老师面前感觉低人一等。无论从职能还是从法理的角度看，学生与老师在人格上是完全平等的。对教师来说，主动放下"师道尊严"的架子，蹲下身子教学，多与学生交朋友，多作换位思考，多从学生的角度去理解、关心学生，多用自己的人格魅力去影响、感化学生，反而能获得学生的敬重。同时，老师的架子放下了，身子蹲下了，就能听得到、听得进很多学生的意见和建议，最大限度消除师生之间的隔膜，真正建立一种和谐互助的师生关系，老师就能在更高的层次上体会到教书育人的职业幸福感。作为教师，如果寄希望于装腔作势、体罚和侮辱学生来树立个人威望，那是修养和自信心不足的表现。对学生来说，尊重教师的劳动，感恩老师的付出，虚心向老师请教，认真完成老师布置的任务，是最基本的态度。但也要意识到自己是一个独立的人，是一个与老师在人格上平等的人。相信老师而不迷信教师，尊敬老师而不盲从老师，敢于在老师面前表达自己不同的意见和观点，坚守"我爱我师，但更爱真理"的信念。只有在人格平等前提下才能构建良好的教学相长、情谊久远的师生关系。

第二，确立师生权利平等的观念。在学校，老师有教书育人、爱护学生的责任和义务，学生有认真学习、尊重老师的责任和义务。老师与学生，虽然责任和义务不同，但权利上是平等的。这种权利平等，在教学实践中可以体现在多个方面。一是老师与学生都有评价与被评价的权利。传统教学中只有老师可以评价学生，学生不能评价老师，这种不平等不利于师生交流，也不利于教学水平的提升。允许学生就老师的教学能力、教学方式、教学态度、仪表气度、师德师风予以评价，对老师是一种监督，也是一种促进。学校和老师都应当持支持和鼓励态度，并把学生评价老师作为学校的规章制度固定下来。二是学生与老师都有表达与表现的权利。在课堂上，在日常的交流讨论中，老师可以发表自己的看法，提出自己的观点，学生也有权表达个人的观点和意见。老师既不能剥夺学生自我表达的权利，也不能占用学生发表个人意见和观点的时间。课堂教学改革最成功的地方，就是压缩了老师在课堂上讲课的时间，还学生充分表达的权利。保证学生表达个人意见的权利，不仅能充分锻炼学生的表达能力，提高学生探究思考的能力，更重要的是，在学生心中培养起热爱真理、坚持民主的理念。三是学生和教师都有批评与被批评的权利。批评人不是老师的专利。学生做得不对，教师可以在问明情况后提出善意的批评。同样，老师有不对的地方，比如讲课时出现一些错误，言行举止有些不得体的地方，学生也可以及时向老师提出批评。一些深受传统理念影响的老师，常常把学生对老师的批评当作是犯上作乱，有意破坏教师的形象，这是完全错误的。真正在学生与老师之间建立起一种善意的相互批评的关系，能及时消除彼此的误会和隔阂，增进彼此的信任，融洽师生关系。四是老师与学生都有相互选择的权利。建立健全学生与老师进行双向选择的制度机制，是高等教育教学改革的方向。老师可以选择自己喜欢的学生，学生也可以选择自己喜欢的老师。这种双向选择制度落实得好，既能充分调动学生的学习积极性，也能增强老师不断进取的主动性。

第三，确立师生地位平等的观念。老师与学生，都是社会公民，两者的政治地位和法律地位都是平等的，双方的人权都不容侵犯。学生在任何时候、任何情况下都没有理由和权力侵犯老师，攻击老师。老师也没有权力辱骂、体罚学生，没有权力剥夺学生的休息权利，更没有侵占学生及其家长合法财产的权力。现在高校里对教师侵犯学生权益的现象大多定位在师德师风的层面上，而没有上升到政治和法律的层面上来看待，这是导致少数教师侵害学生现象屡禁不止的原因。这些年还出现了师生之间的激烈对抗，教师被普遍看作是"高危职业"，值得政府和社会深思。在学校里大力倡导师生地位平等的观念，强化师生的法治意识，运用道德的、法律的手段营造新型的师生关系，已迫在眉睫。

（三）维护学生的正当权益

正常的交往都是对双方有益的交往，改善师生关系就是要真正建立有利于双方成长进步的交往关系。在师生关系中，学生处于相对弱势的地位，其正当的权益更应当得到充分的重视和维护。任何侵害学生权益、影响学生成长的言行，无论是否有意为之，都只能恶化师生关系而不可能改善师生关系。作为地方本科院校的教师，对此不可掉以轻心。

一是维护学生的学习自主权。在教学活动中，不少教师过于相信自己的经验，经常以赋分、评价等权力要求甚至强迫学生采用某种学习方法，歧视或扼杀学生的某些学习兴趣和爱好，造成学生对老师和学习的反感。教师要自觉摒弃"师尊生卑"的传统观念，打破"以教师为中心"的状况，自觉消解教师的话语霸权，充当"平等中的首席"。大学生不同于高校生，他们对如何学习已经有了自己的见解甚至形成了自己的习惯，只要他能够完成学习任务，就应当允许他们选择自己喜欢或习惯的学习方法，或独立思考或组建学习小组，或精读或泛读，或在教室里自习或去图书馆学习，不能用一种模式来要求学生，把学生管紧管死。培养学生能力是大学教育的重要目标，应当允许学生自主组建健康有益的各种兴趣小组，鼓励他们参加社会活动和实践锻炼，而不能把学生束缚在教室里和书本上。无论在教室还是在课外，教师都应当维护学生对理论知识的探究质询权，主动参与学生的讨论，回答学生的质疑，通过探讨交流引导学生崇尚真理，走出思想和科学的误区。不能给学生的思想套上枷锁，也不能怕难堪而阻止学生深入探讨和质询。把大学生当作小学生，在学习上不停地耳提面命、画地为牢，只会让学生加深对老师的反感，疏远师生关系，降低学习效果。

二是维护学生的人格发展权。不少教师习惯于用家长式的管理方式来管理学生，随心所欲地干扰学生的正常成长。大学时期正是学生青春飞扬、个性彰显的时期，也是他们人格的定型期和丰富期。追求个性发展是学生的共同需求，也是学生成长的需要。有些老师喜欢用统一的标准去禁锢学生张扬的个性，用四平八稳的条条来规范学生，视不符合教师标准和要求的学生为不成熟或叛逆，甚至打压学生的个性。有些教师总以"理学家"的心态看待学生的情感生活，常将男女学生的正常交往看作不健康的行为，对学生的丰富感情不是施以正确的引导，而是横加指责和干涉，甚至人为设置障碍；对遭遇情感打击和挫折的学生不是热情关心和细心疏导，而是幸灾乐祸、冷嘲热讽。有的教师喜欢打探学生的隐私，对学生及其家庭成员的情感生活，以及与异性学生的交往情况兴趣盎然，只要有捕风捉影的东西便添油加醋、四处传播。不仅侵犯学生的隐私权，也给学生造成了巨大的心理和舆论压力，加大了师生之间的隔阂。

三是维护学生的资产独立权。大学生都拥有各自的资产，包括有形和无形资产。从法理上讲，每个成年学生都有独立处置个人资产的权利，但在高校里，学生的个人资产处置权被侵犯的现象都程度不同地存在着。一般来讲，有形资产被侵犯的现象比较受学校和社会的关注，如地方本科院校中少数老师向学生索拿卡要，侵占或变相侵占学生财产的情况就曾被曝光过，情节严重的当事人也受到了处理。而学生无形资产遭侵犯的现象却没有引起足够的重视。学生的个人信息被泄露，肖像权被侵犯，学术成果被占用等方面的问题并非罕见。虽然不少学生的维权意识还不强，对自身合法权利的认知还不全面，或者不少学生出于各种考虑，没有站出来维权，但这些侵权行为降低了他们对教师的尊重与信任，影响了师生正常的交往关系，这肯定是不争的事实。从学校层面讲，应当将维护学生正当权益作为重点纳入学校治理体系建设，通过依法治校方略的实施保护学生的正当利益，清除影响师生正常交往的障碍。从教师层面来讲，应当加强师德修养，提升思想境界，增强法制意识，自觉维护学生的正当权益，以人格魅力和实际行动赢得学生的尊敬和信任，为构建良好的师生关系奠定坚实的基础。

三、构建新型师生关系的方法和路径

师生关系是一种动态的相互关系，只有与新时期高等教育的新理念、新特点相结合，才能具有持久的生命力和社会价值。脱离了时代性的师生关系是落后保守的，会阻碍学生成长和学校发展的人际关系，也是狭隘自私的师生关系。因此，构建新型的师生关系，应当顺应时代发展变化，借助科技发展新理念和新成果，通过探寻新方法和新路径，赋予其与时俱进的时代特征。

（一）创新管理理念

无论承认与否，教师与学生的关系都是一种管理与被管理的关系。以课堂教学为核心的教学管理是高校最重要的管理形式，没有必要的管理就没有正常的教学秩序，教学目标就无法实现。构建新型的师生关系不是解构正常的管理，而是创新教师的管理理念和方式。长期以来盛行于地方本科院校的管理特征是"管制"，教师以严苛的制度规范课堂秩序，控制学生言行，以打击学生的身体和心理自尊的方法惩戒违反制度和纪律的学生。这种缺乏弹性机制和人文关怀的管理方式使学生蜕变为高服从低意志的被管理者。这种对学生的生理和心理健康都带来了严重损害的管制式管理已经完全不适应培养创新型人才的时代要求，必须实现教师对学生管理由管制向服务的转换，即教师要把学生看作是服务的对象而非管制的对象，以服务型管理取代管制型管理。服务型管理一个本质的特点就是以人为本，在高校就是"以生为本"。以生为本的管理理念要求教师把学生当作一个有灵性、有尊严、有情感的生命个体来对待，以尊重、信任、理解、同情和宽容的态度，为学生学业进步和人格成长提供充满爱心的指导，使学生在人性化的管理中感受到管理带给他们的愉悦和进步，不断激发学生自我管理的积极性和创造性。管理者角色应由强制者转变为协作者和同盟者，帮助他人完成自我管理，最终实现高效却不留管理痕迹的超级领导的境界。如果每个教师都能达到这样的管理境界，师生关系就一定会有质的改善。

（二）拓展师生交流平台

师生关系的改善依赖师生交流频率的增加，只有保证一定的交流数量才能保证较高的交流质量。随着课堂学生规模的不断扩大，教师在课堂上与学生展开充分交流的可能性越来越小，只能在课外寻找或创建师生交流的平台与机会。一方面，可以鼓励教师开辟专门信箱、网上邮箱、教师博客、师生微信群等，为学生课外与教师交流提供新的渠道，给学生提供随时表达自己意见、建议和进行咨询的平台。教师应当以负责任的态度及时做出答复和回应。另一方面，建立"书院式"的交流平台。有的地方本科院校根据需要在二级学院中创建各具特色的书院，书院里备有专业书籍、咖啡、茶点，教师利用课余时间到书院与学生进行轻松愉快的交流，实现学术与情感的同时增益，效果非常好，深受师生欢迎。再是由专任教师举办小规模的讲座，针对学生中出现的一些思想倾向，明确讲座的主题，利用图书馆或校园书店等书香浓郁的场所，与师生开展推心置腹的讨论和探究，解开学生的困惑，化解学生的心结，拉近师生的距离。只要教师有与学生交流的意愿，就能够找到与学生交流的方式和平台。通过创新交流方式来弥补学生与教师交流不足的短板，不失为一种制度机制的创新。①

（三）改革传统教学模式

课堂是师生交流的重要场所，教学是师生交往的重要方式，教学方式和教学效果在很大程度上影响乃至决定了师生关系的亲近度和稳定度。教师的教学水平、语言风格和人格魅力主要通过课堂教学展示出来，学生对教师的认可和尊敬主要在课堂上形成和巩固，学生对老师的疏远和冷漠也主要源于老师的教学态度和教学能力。因此，改革课堂教学模式，让课堂成为智慧碰撞的磁场、知识共享的盛宴、情感互动的乐园，对改进师生关系十分重要。信息时代不同于印刷时代，教师对知识的垄断业已打破，学生通过新媒体获取的知识已经远远超过课本的知识存量，课堂教学不再是简单的知识传授和照本宣科，更多的是通过师生的共同探讨获得发现和知识，并享受其带来的愉悦。如果教师仍然固执于"填鸭式"的教学模式，执掌着话语霸权不放，学生的主动性和参与性无从发挥，那么课堂教学失去的不仅仅是教学效果，还有学生信任的丧失。学生以逃课或课堂"低头一族"的方式来表达对课堂教学的不满，用疏远教师的方式表达对教师教学方式和能力的不满。地方本科院校的教师已经到了彻底告别传统教学模式的时候了，应主动放弃"满堂灌"的话语霸权，努力打造探究、分享、合作、互动的课堂教学模式，调动学生的主动性，激活学生的创造性，增加课堂的活跃性，提升教学的趣味性。和谐的课堂氛围既是良好师生关系的成因，又是良好师生关系的体现。

---

① 张红. 当代中国马克思主义大众化的实现路径研究 [M]. 南宁：广西人民出版社，2018.

第六章

新时代背景下高校教师管理队伍建设

第一节　高校教师管理的建设

高等教育要提升质量，队伍建设是关键，而队伍建设又包括十分丰富的内容。其中，师资队伍和管理队伍是最为重要的组成部分。相比而言，师资队伍建设的重要性得到了广泛的认同和更多的关注，但是，关于管理队伍建设的研究和思考仍缺乏针对性和系统性，《国家中长期教育改革和发展规划纲要（2010—2020年）》对此也没有做出专门的规定，因此有必要对队伍建设进行整体性思考，把管理队伍建设摆上更加突出的位置，认真进行系统设计、有序推进。使之成为高等教育提升质量的有效支持。

一、制约高等院校管理队伍建设的若干因素

（一）学校运行的特点导致管理队伍建设不受重视

在中国，公立学校和科研院校都按事业单位进行管理，事业单位的特征就是行政管理和专业技术双轨运行，每一名员工可根据需要和条件确定挂靠的职位和职级，"双肩挑"成为一种特有现象，而且，为体现尊重知识，尊重人才、重视专业、重视业务，一般而言，具有较高专业技术职务和较好专业水平的员工往往能得到尊重与厚待，被认定为内行。相应地，从事具体行政管理、教学管理、学生管理、后勤管理和市场管理的员工很难成为重点培养对象。近年来，各高等学校开始重视学校管理，在收入分配制度改革等方面也有了相应倾斜，吸引了一批高层次知识分子从事学校管理工作，但由于各种原因，从事主要部门管理工作的员工往往由高职称专业教师来担任，管理工作仍然是双肩挑的一部分。从事物本身看，这是有利的，有利于提高人才的综合使用效能，然而也产生了一个不利结果，即管理队伍的相对独立性问题被模糊，重要性

被削弱，专职从事管理工作的精力被分散。在不少学校，忽视管理和管理队伍成为通病，就这点而言，几乎所有事业单位都存在这一问题。

（二）高等院校的属性影响管理工作的深化和细化

较其他事业单位，高等院校忽视管理和管理队伍问题更加明显，究其原因是多方面的：一方面，中国的大部分高等院校都是近几年新升格或新建的，办学升格、规模扩张与管理升级的矛盾比较突出，学校的办学条件得到了充分重视，虽队伍建设步伐很快，但往往先满足教师队伍需要，因为"生师比"是考察和评价学校的一个硬指标，事实上来说，在规模快速发展、可投入的人力和财力有限的条件下，管理队伍建设往往处于被动应付状态。在高等院校规模发展快、队伍建设任务重的情形下，管理队伍往往被"挪用"和"挤占"，也就是说，管理队伍会把相当精力乃至主要精力放在教学和专业工作上，即使是专职从事管理工作的员工，也会为了争取教学和专业技术资格而分散管理时间和精力，从而在一定程度上影响管理工作的深化和细化，正因为这样，高等院校管理队伍问题往往更加突出。

（三）高等院校加强管理队伍建设具有特殊意义

从高等教育的主要对象看，报考高等教育的学生，其处于传统教育模式下的基础教育阶段。大部分不是最成功者，他们饱受过挫折，受到过冷遇。进入高等教育阶段后，他们经过三年的学习，要从普通中学生顺利实现向职业人的转换。在这个背景下，对高等学生进行政治引导、学业辅导、职业指导的任务十分繁重。我们需要激发大学生的成功欲，需要唤起大学生的创造欲，也要改正学生在基础教育阶段养成的不良习惯，建立适应高等教育学习的新秩序，正因为这样，仅学生教育管理和人才培养工作的任务就十分繁重，正是从这种意义上讲，高等院校更要全员育人、全过程育人、全方位育人。

二、提高质量阶段高等院校管理队伍建设任重而道远

如果说，规模扩张和新建发展阶段高等院校管理工作不精细，管理队伍没有进入十分重要的议事日程，还只是一个阶段性的问题，但如果长期继续这样的理念和做法，既会影响教育教学质量的提高，更会影响学校的可持续发展，必须把加强管理工作和管理队伍建设置于新的高度，主要理由是：

（一）高等教育规模发展到一定阶段后必须重视管理革新问题

我们提出加强管理干部队伍建设，提高高等院校管理水平，并非是对我国高等院校管理现状持一种否定观点，而是说，过去的状况是一个阶段的必然现象，而现在我们的高等院校已经有相当规模了，在规模达到一个阶段后，管理问题就显得重要和突

出。正如著名学者所言，一切规模较大的组织或多或少需要组织指挥和协调，一个小提琴手是自己指挥，一个乐队就需要指挥。现在高等院校少则 5000 人，多则上万人，科学的管理机制、专门管理制度、高水平的管理团队十分必要，管理队伍应该有专门的序列、专职化的人员配置和发展计划。

（二）高等教育进入提高质量阶段后管理工作需要提升和加强

规模扩张是显性，而提高质量是隐性，十年树木、百年树人。因此提高质量，高等院校有大量的文章可做，教学工作的科学安排，师资队伍的合作调度，安全稳定机制的建立，思想教育的有效性，尤其是与高等教育特征相适应的校企合作、工学结合机制的建立等，都是管理工作和管理队伍建设的重要范畴。

三、高等院校管理队伍建设的主要价值取向

构建全方位、整体化高等教育管理队伍，可以从不同角度进行分类建设，也可以作为高等院校管理队伍建设的主要价值取向。

（一）从管理队伍层次看，高等院校需要决策领导型、管理协调型、执行操作型三个层次的管理者

1. 决策领导型管理者，主要是指高等院校的校级领导班子。这支队伍应该具有较强的法律法规和方针政策意识，具有较强的市场意识和民主意识，懂政治、懂教育、懂市场、懂人才、懂学生，能够抓住机遇、能够整合资源、善于谋局用人、善于创新发展。这支队伍应该做到素质优异、数量适当、智能互补、结构合理。

2. 管理协调型管理者，主要是指中层管理干部队伍。他们在学校建设和发展中起着承上启下的中流砥柱作用，对他们的基本要求是，能创造性地开展工作，具有较强的学习力和执行力，能够把文件学清楚，把市场搞清楚，把思路理清楚，把事情做清楚，把话语（总结）说清楚。

3. 执行操作型管理者，主要是指高等院校管理队伍的基层干部。对他们的基本要求是：忠诚、专业、负责，能够领会领导意图，严格按规范办事，认真履行岗位职责，在分管职责内充分行使职权，承担责任，做好工作，成为行家。

（二）从管理工作内容看，高等院校管理队伍建设需要重点培养六类人员

1. 教学管理队伍

这是高等院校管理队伍的基础性人才。学校工作以教学为中心，人才培养工作是重心，建设一支熟悉高职教育规律，懂市场、懂专业、会管理的教学管理队伍十分重

要，它既包括教务处等职能部门，也包括实训等辅助教学管理部门，当然，更包括系（部）和专业（教研室）主任。

2. 育人管理队伍

这是高等院校管理队伍的重要组成部分。学校工作必须坚持以育人为本、德育为先，育人工作是学校工作的核心。因此，建设一支高素质育人管理队伍至关重要，他们必须懂学生、懂青年、掌握育人规律，具有教育学、心理学等方面知识，爱学生、负责任、会教育、愿服务。

3. 市场营销队伍

从某种意义上说，市场营销队伍是职业教育的特殊和有机组成部分。正确定位、研究市场、开发市场、巩固市场是一所学校得以生存和发展的必要条件，正因为这样，高等院校必须培养一支市场意识强、营销水平高的人才队伍，促进高等教育的可持续发展。

4. 安全管理队伍

发展是第一要务，稳定是第一责任。一所学校要创新发展、提高质量，其前提是安全和稳定，因此，建设一支忠于职守、纪律严明、责任心强，具有牺牲和奉献精神的安全管理队伍显得十分重要。①

5. 后勤保障队伍

学校是一个综合体，高等院校学生都远离家长，以住校学生为主，因此，建设和完善后勤生活设施是中国现阶段高校运行模式的常态。正因为如此，同样需要建设一支服务意识强，具有较好服务技术和能力，脚踏实地、勤奋实干的后勤保障队伍。

6. 辅导员队伍

辅导员是中国高等学校队伍建设的特色，其主要任务是学生思想政治教育、学生发展指导和学生事务管理。按照相关规定，辅导员队伍要按照双重身份、双重待遇、双线晋升的要求，既要作为师资队伍来抓，也要作为管理队伍来抓，并切实增加投入，加强建设。

四、现阶段加强高等院校管理队伍建设的建议

高等院校管理队伍建设是一项系统工程，必须进行制度上的顶层设计，并争取采

① 任彦. 应用型本科高校教师人才队伍建设［M］. 延吉：延边大学出版社，2019.

取有效措施加以推进。

（一）积极构建"双阶梯"式管理和激励模式

这就是说，高等院校必须建立起专门的师资队伍和管理队伍，两支队伍允许有交叉，但对"双肩挑"的范围和条件应有严格限制。师资队伍与管理队伍承担的岗位职责不同，遵循的工作逻辑不同，所需的能力要求和知识素质也不同，因此两支队伍建设具有同等的重要性，不可偏颇。就个体而言，应根据自身特长、条件等因素正确定位，科学规划，坚持岗位稳定与转岗慎重；就学校而言，应该明确教师和管理人员的二元序列与双重进阶，使两者在不同的序列下履行职能、在不同的进阶上实现成长发展，特别是在管理制度和办法设计上，采用不同的考核指标，分别采用有效的激励措施，鼓励员工在不同岗位上勤奋创新、做出贡献、争创佳绩。

（二）科学设计管理队伍岗位设置和管理办法

当前，全国范围内正在进行事业单位岗位设置管理和改革。应当说，它对规范事业单位岗位设置和人员管理具有较大的推动作用，对实现事业单位内部管理由经验模式向科学模式发展具有积极的促进作用。但是现行的办法还不够精细具体，在推进思路上仍然沿袭了行政机构改革的相关制度模式，问题是，如果再按行政相关的办法建立薪酬考核办法，那就未必能得到应有的效果，弄不好还会违背决策的初衷。事业单位的存在理由主要是实现各级政府的公共服务责任、落实社会公平与福利的价值追求，不同于行政机构的公共管理职能与社会安全与秩序追求。因此，应该鼓励高等院校从学校特点出发，引入企业化管理机制和绩效考核办法，以真正体现高等院校校企融合的办学追求，比如在教职工的工资结构设计上应当减少固定的基本工资部分，增加灵活的绩效考核内容和办法。

（三）着力搭建一套专门针对管理队伍的综合培养体系

培训和教育是加强高等院校管理队伍建设、提高管理队伍水平的必要条件，为此，应建立综合化、立体式培养体系，尤其是在培养理念与培养内容上，要与师资队伍培训有所区别，各有侧重。具体而言，可包括以下几个方面：一是岗前培训，坚持做到先培训后上岗；二是岗位轮训，及时把新形势、新政策、新理念传达和领会；三是转岗培训，凡轮岗、转岗者都必须经过培训。要做到这些，就必须由教育行政主管部门会同有关方面设计系统的岗培从业资格标准，提供岗位培训条件和渠道，在培养内容上应当强化双语会话、计算机网络应用、公共管理学等方面的能力与水平，从而有利于管理队伍建设的有效开展。

第二节　高校辅导员队伍建设

在中国高校，辅导员是一个特殊的职业群体，他们具有教师和管理者的双重身份，既是高校教师队伍的重要组成部分，也是高等学校从事德育工作、开展大学生思想政治教育的骨干力量，是大学生日常思想政治教育和管理工作的组织者、实施者和指导者，是大学生健康成长的指导者和引路人。其地位身份之特殊、责任使命之崇高，足以说明建设好这支队伍的重要性。

一、高等院校辅导员队伍的职业特性

（一）高等院校辅导员工作的主要内容及其相互关系

辅导员是高等学校教师队伍的重要组成部分，是高等学校从事德育工作、开展大学生思想政治教育工作的骨干力量，是大学生健康成长的指导者和引路人。

1. 高等院校专职辅导员是大学生思想政治教育和日常管理工作的组织者和指导者。高等院校专职辅导员工作在学生思想政治教育的第一线，大学生的日常思想政治教育主要由他们来组织实施和引导。组织学生学习中国共产党的光荣历史，培养学生爱国主义精神的是专职辅导员；培养学生崇高的民族自豪感和自信心的是专职辅导员；引导学生关注时政和国家建设，了解我们国家和社会现实的也是专职辅导员；指导学生党支部和班委会的建设，培养学生党员和学生骨干的同样还是专职辅导员。

2. 高等院校专职辅导员是学生成长成才的导师。高等院校是培养社会急需的高层次应用型人才的地方，其核心是塑造人的教育。大学时期，是青年学生完成世界观、人生观和价值观的定型时期。专职辅导员所要起的作用就是在学生世界观、人生观、价值观形成和变化的关键时期，发挥重要的教育和引导作用，解决青年学生在成长过程中碰到的各类问题，为学生指明正确的发展方向，促进学生的人格完善和成长成才。

3. 高等院校专职辅导员是大学生最值得信赖的朋友。高等院校的专职辅导员要成为学生健康成长过程中最值得信赖的朋友，只有和学生成为朋友，深入学生当中，才能了解学生的生活、学习和思想状况，学生才愿意与之交流和沟通。这样，专职辅导员才能真正影响学生、引导学生，才能成为大学生的人生导师，才能更顺利地完成大学生的日常思想政治教育和管理工作。

在这几个层次的工作内容中，学生思想政治教育是辅导员的核心工作，学生成长成才指导是主体性工作，学生日常事务管理是基础性工作。

（二）高等院校辅导员工作的主要特征及其关系

从上述三个方面的内容可以看出，高等院校辅导员工作的对象是大学生，因而决定了其工作性质具有以下三个特点：

1. 对象的善变性

即辅导员面对的是一个个不同的具有特定价值倾向且处在不断变化和发展之中的大学生，后者的善变性和可塑性决定了辅导员职业的挑战性和创造性，同时也对辅导员的思想境界、教育理念、教育能力、工作艺术提出了更高的要求。

2. 内容的复杂性

辅导员工作千头万绪、纷繁复杂且没有时空边界，辅导员不仅是大学教育的重要力量，而且是各种教育要素的协调者，既要把握校内教育资源，又要整合社会与家庭教育资源。

3. 影响的长效性

辅导员的工作方法是多种多样的，对大学生成长的影响也是多方面的，既需要丰富的学识智慧积累，又需要自身的人格感召，辅导员与大学生的交往也是相互的或者是双方乃至多方互动的，其工作机理在于潜移默化、长效促进。

（三）由工作内容和性质提出的辅导员素质能力要求

由上述辅导员的工作内容和性质分析可知，辅导员确须具备教师和管理者的双重素质和能力。具体来说，主要应做到：

1. 高学历

这是其具备渊博知识和丰富智慧的一般前提条件，也是赢得大学生信任的主要前置内涵，自然也是做好辅导员工作的重要因素。同时，这里所说的高学历乃是相对于辅导员的工作对象而言的较高学历，不应理解为片面追求高学历甚至最高学历。

2. 高素质

辅导员工作主要是做人的工作，其行为规范、道德品行、言语能力、奉献精神等都是十分重要的，缺少了高素质，辅导员工作一定做不好。

3. 高水平

它需要有经验和知识的积淀，也需要有处理复杂问题的技巧和艺术，辅导员要善于发现问题、分析问题、解决问题，有能力使学生面貌既健康向上、生机勃勃，又保持平衡有序。①

二、当前高等院校辅导员队伍面临的挑战

（一）人员配置失衡，队伍整体素质较低

从高等院校专职辅导员队伍自身状况看，其学历职称总体不高，本科学历，初级职称仍然是这支队伍的主体。高等院校的专职辅导员队伍无论在学历还是在职称上，与专任教师相比还有不小的差距，距离向职业化、专家化方向发展的目标仍然任重道远。同时，专职辅导员自身的一些问题也应当引起重视。专职辅导员队伍中，出身于心理学、教育学、伦理学、政治学、社会学等相关学科背景的偏少，由于没有扎实的学科理论功底，实际工作中难以在方法论上进行深入探索，从而无法向学生解释清楚现实中的一系列新情况、新问题。近年来高等院校的专职辅导员数量猛增，引进的基本上是刚毕业的应届毕业生，加上辅导员岗位人员流动性大，队伍普遍呈现年轻化态势。年轻辅导员政治上的不成熟，对复杂的思想政治教育会感到力不从心。

（二）收入水平差别较大，编制问题突出

调查对象中，年收入在 2 万元以下的占 8%，年收入 3 ~ 4 万元的占 64%，5 ~ 6 万元的占 24%，7 万元以上的仅有 3%。专职辅导员队伍的编制问题也比较突出。所调查的专职辅导员中，事业编制的为 34%，人事代理的占 50%，聘用合同制的有 12%，还有一小部分是临时聘用人员。

（三）工作体系不健全，管理制度不完善

通过问卷分析可以看出，学生工作体系不健全，付出与所得的薪酬待遇不对称，学校缺乏周密详细的专职辅导员培养、培训项目及实施计划，专职辅导员很少有机会参加专业进修，单位对专职辅导员的工作业绩评价和考核存在不公正、不合理的情况，工作经常受到非职责范围内事务的干扰，烦琐的事务影响了个人业务的提升等，在一定程度上影响了专职辅导员工作的积极性。

（四）受尊重程度一般，归属感偏低

调查中，74% 的专职辅导员觉得在单位受尊重程度一般，21% 的人认为专职辅导员在单位地位低下，得不到他人的尊重。正是因为如此，所以学校里好多部门都可以

---

① 褚瑞莉. 激励理论视域下高校师资队伍构建研究 ［M］. 北京：九州出版社，2019.

给专职辅导员摊派任务。这种情况导致的直接结果就是专职辅导员从早到晚都在处理一些琐碎事务，职业的归属感不强，甚至有许多专职辅导员表示，整日工作往往使得自己心力交瘁、精疲力竭。65%的专职辅导员指出，学生工作的日常事务经常多得让他们喘不过气来。同时，由于专职辅导员的受尊重程度不高，许多刚毕业的大学生就把辅导员这个职业当作工作的跳板，很少有人会把它当作毕生事业来对待。当问及是否愿意长期专职从事辅导员工作时，73%的辅导员明确表示不愿意，甚至有10%的人表示非常不愿意。愿意长期专职从事辅导员工作的只占被调查对象的13%。

三、影响高等院校辅导员队伍建设的主要因素

导致高校专职辅导员队伍建设存在问题的因素很多，具体来说，主要有以下几个方面。

（一）高等院校对专职辅导员队伍建设缺乏足够重视

《教育部关于加强高等学校辅导员班主任队伍建设的意见》指出，加强辅导员、班主任队伍建设，是加强和改进大学生思想政治教育的重要组织保证，对贯彻落实党和国家的教育方针，把大学生思想政治教育的各项任务落到实处，具有十分重要的意义。在此之前，中共中央、国务院还就加强高校学生的思想政治教育出台过专门的文件，教育部也就加强辅导员队伍建设连续出台配套文件。但是在实际工作中，"上有政策，下有对策"的现象比较严重，各高等院校对辅导员队伍建设重视程度不一，政策落实力度不强。通过调查发现，部分高等院校的党政领导对专职辅导员工作重要性的认识还没有达成共识，重视不够、配备不全、措施不力。目前高等院校辅导员队伍建设存在的主要问题有学校主要领导不重视、辅导员队伍建设经费不足、在专职辅导员学历深造和进修提升等方面没有政策支持、没有建立健全专职辅导员队伍建设的工作机制等，导致专职辅导员队伍业内发展渠道不通畅，社会地位和职业评价普遍不高。

（二）专职辅导员的职业准入制度不严

根据职业要求，高等院校的专职辅导员应该具备较高的思想政治觉悟，其专业知识背景应与辅导员的岗位要求相适应，如心理学、教育学，思想政治教育等，同时还要具备与辅导员工作相匹配的职业素养和职业能力。但是在选拔招聘专职辅导员时，几乎所有高等院校都把"是否为中共党员"或"是否毕业于重点高校"作为应聘人员的素质考察指标。一旦人员确定，对其进行简单的工作培训后就认定其达到了上岗标准，至于所应聘的人员是什么专业背景、其能力是否达到辅导员工作的要求则被放在次要位置。

在职业规范方面，随着时代的进步与高等教育的发展，高校学生工作实际对专职

辅导员的职业能力和综合素质的要求也越来越高。为应对形势的需要，当今的专职辅导员不仅要知识渊博，而且其人格魅力也一定要强，专业技能也一定要硬。遗憾的是，我国目前尚未出台专门的辅导员职业资格认证制度，职业资格标准建设也尚在起步阶段。

（三）高等院校专职辅导员培训工作薄弱

要提升专职辅导员队伍的专业水平和业务能力，对专职辅导员开展不同层次和类型的培训是一个重要途径。高等院校对专职辅导员培养培训工作薄弱，是导致队伍整体水平不高的一个重要原因。

在实际工作中，高等院校对专职辅导员的培训普遍缺少针对性和系统性，无法做到像对待专业教师那样，将专职辅导员的培训纳入学校师资提升规划之中。大部分情况下，当专职辅导员意识到知识的匮乏时，只能通过自学来达到"自我提升"，但由于日常事务太多太杂，绝大部分专职辅导员又无法做到全身心地投入自学。鉴于此，部分辅导员会自觉不自觉地放松政治理论及有关专业知识的学习，致使自己的政策理论水平偏低，实际工作能力无法有效提高。当学生提出的一些政治思想或其他方面的问题时不能有效地运用科学的理论去引导和说服，也不能与时俱进地对学生的学习生活给予有力的指导，这些往往会使得专职辅导员在学生中的影响力、威信、说服力受到削弱。

（四）高等院校专职辅导员业内发展机制缺乏

目前，高等院校专职辅导员队伍建设中出现的问题，绝大多数是因为专职辅导员行业内发展机制缺乏造成的。一是身份不明确，尽管教育部明确规定，辅导员具有教师和干部的双重身份，实际上，相当一部分高等院校对辅导员的身份归属仍比较模糊，把他们等同于教辅人员和管理人员，其教师身份在校内难以得到认同。二是职责不明晰。辅导员承担着学生政治思想教育，日常事务管理和大量行政工作，直接导致辅导员"几手都在抓，几手都没硬"。辅导员承担角色多，职责跨度大，工作战线长，一方面让他们对工作应接不暇、疲于应付，产生职业倦怠和工作盲目性，另一方面繁重的工作也让他们失去继续学习的条件和动力，导致队伍后劲不足，作用发挥不理想。三是发展前景不明朗。一些高等院校对辅导员队伍建设缺乏整体规划，发展机制不健全，分流渠道不畅通，是辅导员队伍发展出路和职业前景的最大阻力。现有的职务职称评定办法、专业化职业化发展等瓶颈性问题也制约了辅导员队伍的可持续发展，职业认同感较差，缺少必要的发展空间，导致辅导员队伍整体不稳定，缺乏长期坚持的工作动力和积极性。

四、对加强高等院校辅导员队伍建设的整体思考

（一）合理配置并优化专职辅导员队伍的结构

高等院校的专职辅导员是学生在校期间寻求指导最多、联系最为紧密的人群，所以高等院校要针对当前高等教育的发展实际，按照德才兼备和精干的原则，合理配置一线专职辅导员的数量，并要优化这支队伍的结构。①

1. 保证专职辅导员的数量

高等院校的专职辅导员和学生的比例至少达到 1∶200，要严把进入关。由于近年来高等院校人事管理制度的多元化，使高等院校专职辅导员的来源不再局限于单一的渠道，形式是多种多样的。专职辅导员的"进口"渠道多了，如果不严格把好关口，势必会鱼龙混杂，降低专职辅导员队伍的质量。因此，我们要优化高等院校的专职辅导员队伍，至关重要的是要把好"进口"关。在把住进口的同时，还要开通"出口"，对工作业绩不佳，经实践检验不适合辅导员工作的人员能够及时调整出去，形成"能上能下、能进能出"的良性机制。

2. 严格专职辅导员的准入制度

高等院校要在源头上把好专职辅导员队伍的入口。在招聘专职辅导员时，应按照德才兼备的宗旨，坚持公平、公正、公开的原则，遵循政治强、业务精、纪律严、作风正的素质，要求从品学兼优的高校毕业生、优秀青年教师中选拔、培养专职辅导员，以保证这支队伍的总体素质。一般而言，在我国高等院校从事学生思想政治教育及学生事务管理工作的专职辅导员必须是中共党员，要具有坚定正确的政治方向、敏锐的政治洞察力、政治鉴别力，并能坚持党的教育方针。从人员配备来看，应严格按照国家规定的辅导员与在校学生人数 1∶200 的比例标准配备专职辅导员；从选拔程序来看，要坚持面向社会的公开公选招聘与在本校青年教工中单独确定考察人选和对象的内部选拔相结合的方式。

3. 要把握专职辅导员队伍的五个结构

高等院校要在专业、学历、职称、年龄、性别等方面把握好专职辅导员队伍的五个结构。第一是专业结构。因为高等院校的学生思想政治教育和日常事务管理工作是一门科学，它涉及思想政治教育、心理学、社会学、伦理学、教育学和管理学等专业

---

① 缪子梅. 高校思想政治理论课教师教学能力发展研究［M］. 镇江：江苏大学出版社，2019.

领域，这就需要从事该项工作的专职辅导员必须具备上述学科的专业背景。第二是学历结构。随着高等教育的不断发展，学生的思想观念日趋多元，学生思想政治教育及日常事务管理工作迫切需要高学历的专职辅导员加入，因为高学历的专职辅导员不仅能更深刻地分析、探讨、研究学生的思想政治工作，还能在学生中更好地树立威信。第三是职称结构。高等院校应创造条件打破专职辅导员职称评审的瓶颈，形成高中低梯次合理的专职辅导员职称结构，因为合理的职称结构能在具体的工作中发挥高职称辅导员的"传、帮、带"作用，促进低职称辅导员的快速成长，同时，搭配合理的职称结构也是专职辅导员队伍综合实力的体现，有利于维护专职辅导员队伍的稳定。第四是年龄结构。实际工作中，不同年龄段的专职辅导员有着不同的工作特点，因为年龄不同，其阅历和经验也各有不同。比如年轻的辅导员思维活跃、观念新颖、工作有激情，且容易和学生打成一片。工作年限久、年龄稍长的辅导员经验丰富、见多识广，当面临复杂问题和突发事件时，他们能巧妙应对，周到处理，因为年龄的关系，年长的辅导员在工作中更容易让学生信服。第五是性别结构。随着社会观念的不断变化，家长对子女教育的重视程度越来越高，在高等院校里，女大学生的数量和规模在逐年增长，在有些高等院校，女学生的数量甚至大大超过男生的数量，成为校内的学生主体。这在一定程度上改变了以往学生思想政治工作的内容和方式。同时由于女性在生理、心理上的独特性，高等院校必须在专职辅导员的性别结构上予以合理设置，以便在实践中更好地开展学生的思想政治教育与日常事务管理工作，增强辅导员工作的针对性和实效性。

（二）建立卓有成效的专职辅导员队伍建设激励制度

1. 打通专职辅导员的职称评审瓶颈

因为专职辅导员角色和岗位性质的特殊性，高等院校应将专职辅导员列入教师编制，实行教师职务聘任制，在职称评定方面给予适当倾斜。专职辅导员可以申报政工系列、教师系列和研究系列职称，侧重于考核思想政治素质和工作实绩。高等院校要根据自身所具有的评审权和有关政策规定，组织专门的思想政治教育职称评审组织，负责专职辅导员的职称评审、推荐工作。在专职辅导员的职务聘任中，要充分考虑思想政治工作实践性强的特点，注意考核思想政治素质、理论政策水平及从事思想政治工作的成绩和能力。

2. 理顺专职辅导员的管理体制

理顺管理体制是专职辅导员队伍长效性建设的重要一环。目前实行的管理体制中，大多数高等院校的专职辅导员的编制在二级分院或系部中；日常工作的安排、考核在二级分院（系）部、学院学工部、团委；而任用、选拔、提升、流动由院党委组织部和人事处负责。这样就形成多重管理、考核的局面，导致专职辅导员工作责任不明确，任务又过于繁重，难有成就感；而在培养和出路上又少人问津或只停留于纸上或口头上，以致专职辅导员不得不自谋出路，争先恐后地"分流"。高等院校要出台专门的制度，明确专职辅导员的岗位工作职责，做到目标任务清晰，工作落实有章可循。

解决了体制问题，就会增强专职辅导员的职业归属感，也就明确了专职辅导员的工作责任，使他们能够感受到作为一名辅导员有自己的工作阵地和进一步发展的可能，是一项可以长期从事的职业，这是实施专职辅导员职业化的前提。

3. 明确专职辅导员的出路和待遇

高等院校要关心专职辅导员的工作、生活和出路，认真落实有关政策，从制度上解决好他们的职务、职称、待遇、发展等问题；完善专职辅导员的评优奖励制度。将优秀专职辅导员的表彰奖励纳入各级教师、教育工作者表彰奖励体系中，按一定比例评选，统一表彰；要树立一批专职辅导员工作先进典型，宣传他们的先进事迹，充分肯定他们在大学生思想政治教育中的贡献；专职辅导员的岗位津贴要纳入高等院校内部分配体系统筹考虑，确保专职辅导员的实际收入与学院同级别、同层次的专任教师的实际收入水平相当；专职辅导员应享受所聘岗位的岗位津贴；高等院校在院内教职工福利方面，专职辅导员应与本院相同资历、相应职务的专任教师享受同等待遇；高等院校要统筹规划专职辅导员的发展出路。凡在专职辅导员岗位上工作满一定年限的人员，根据工作需要、本人条件和意愿，应有计划地做好他们的"提、转、留"工作：（1）提——对那些政治素质好、业务能力强、有发展潜力的中青年思想政治工作的骨干作为党政后备干部予以重点培养，根据工作需要逐步提拔使用；（2）转——转到教学、科研或管理工作岗位；（3）留——继续留在学生思想政治工作岗位上并加以培养。通过以上措施，在动态中不断优化专职辅导员队伍，促进干部交流，建立积极向上、不断进取的选拔培养机制。

（三）建立健全专职辅导员的培训培养体系

高等院校需关心专职辅导员的成才成长，加大对这支队伍的培训培养力度。要通过发挥学校内部学生工作经验丰富的老教师的传帮带作用，积极创造有利于专职辅导员开展工作和研究的教学科研条件，同时要坚持培养和使用相结合的原则，促进专职辅导员队伍的整体水平提升。

1. 实施辅导员"青蓝工程"

实施辅导员"青蓝工程"，通过开展指导教师与新辅导员结对子活动，发挥指导教师的传帮带作用，使辅导员尽快提高自己的职业道德、学生工作能力和管理水平，建设一支政治思想好、师德高尚，具有严格的科学态度、团结合作、创新进取精神的辅导员队伍，使他们在辅导员岗位上由合格提升到胜任，由胜任进步到优秀。"青蓝工程"中的青方是指新进校从事专职辅导员工作的青年教师，蓝方是指具有丰富学生工作经验的教师和管理干部。

"蓝方"的主要职责：（1）帮助辅导员提高政治思想素质和敬业精神，增强其工作能力、社会适应性和社交能力。（2）点评、指导辅导员所开展的学生管理工作，指导辅导员开展重大、疑难的学生工作，帮助辅导员尽快提高学生管理工作水平。（3）帮带期为2年。"蓝方"的聘任条件：①具有良好的职业道德和思想情操，为人师表，工作踏实，有积极进取的精神。②具有中级及以上职称，至少在本校担任过一届班主任工作且考核及格及以上者或从事学生工作2年以上的相关人员。

"青蓝工程"实施措施：（1）"青蓝工程"由学生处负责组织实施和考核。（2）每名新辅导员由所在系或学工部推荐指定一名指导教师。个体"青蓝工程"的培养计划由系部负责制订，并具体落实实施。（3）各系（部）负责对本系"青蓝工程"实施情况进行定期抽查和期终验收。（4）每学年末全院组织开展总结评比活动。（5）帮带期满经考核合格以上者，学院视考核结果，给予指导教师一定数额的奖励。被培养的新辅导员表现优秀者，学校同样需要给予一定奖励；经考核不合格者，青方将不予聘任或解除录用协议，蓝方视同班主任或任学生导师考核不称职。

2. 加大专职辅导员队伍培训培养力度

（1）坚持培养和使用相结合的原则，加强对专职辅导员的培养和提高。高等院校坚持培养和使用相结合的原则，加强对专职辅导员的教育和培养。通过组织经验交流、提高学历层次、定期培训、外出进修、参观考察等多种形式的培养教育活动，不断提高他们的政治理论素养和政策水平，增强敬业精神，努力提高组织管理工作水平和工作技能。要将专职辅导员的培养纳入学校师资培训规划和人才培养计划，享受专任教师同等待遇。

（2）建立长效性的培养制度，切实促进专职辅导员队伍的整体水平提升。高等院校要建立长效培养制度，对专职辅导员定期进行培训，如岗前培训、日常培训、专题培训、更新知识培训等各种形式的岗前培训和在岗培训，培训内容主要包括马克思主义基本理论、时事政策、管理学、教育学、社会学和心理学，以及就业指导、学生事务管理等方面的知识和技能。对专职辅导员的培训要纳入学校的师资培训规划，由组织部、人事处及学生工作部负责实施。原则上每年对专职辅导员队伍至少进行一次业务培训，对新从事学生工作的专职辅导员进行一次岗前集中培训，每年与省内外院校进行校际交流1~2次，每两年组织一次省外学习考察。

第一，岗前培训制度。在新选聘的辅导员上岗前，职业院校要组织专业人员或资深辅导员对新参加工作的专职辅导员进行岗前培训，让他们了解学院的一些基本情况和学生管理工作的具体情况。专职辅导员经过培训达到基本要求，取得合格证书，方可上岗工作。

第二，学生工作例会制度。院校每月要召开1～2次由各二级学院党委书记（分管学生工作的副书记）或专职辅导员参加的学生工作例会，在会议上，要结合当前实践，加强时事培训，让专职辅导员了解更多的现行政策及管理条例，以会代训，通过例会学习文件、研究问题、布置工作等，从而让专职辅导员更好地了解学生工作的管理规定。

第三，专题培训制度。通过座谈会的形式或者讲座的形式开展培训，围绕某一学生管理工作主题，让与会的座谈人员进行经验交流，总结模式；另外还可以通过讲座形式，邀请有关专家开展专题讲座，加强专职辅导员对有关领域专业知识的了解和学习。

第四，在职学习与进修培训制度。高等院校支持专职辅导员在做好大学生思想政治教育工作的基础上在职攻读相关专业学位，鼓励和支持专职辅导员成为思想政治教育工作方面的专门人才。选拔优秀专职辅导员脱产攻读相关的硕士、博士学位，实现骨干队伍向思想政治教育和学生管理的职业化、专家化方向发展。专职辅导员工作满一定年限后，学校要有计划地安排他们一定时间的脱产、半脱产培训进修。此外，学校还需要选派一定数量的专职辅导员进行业务培训，比如心理咨询师培训、职业指导师培训等等。

当然，有条件的高等院校应设立辅导员培养发展基金，每年划拨一定专项经费，用于专职辅导员的培训学习。辅导员培养发展基金的管理和使用由学生工作部统一负责，根据学校计划和各二级学院申报的项目给予资助。各二级学院必须结合部门实际设立专项经费，用于专职辅导员的培养和提高。

3. 创造专职辅导员结合工作实际开展教学科研的条件

由于专职辅导员所从事的学生思想政治教育与日常事务管理是一门科学，所以高等院校要充分依托本校思想政治教育学科的资源优势，鼓励和引导专职辅导员挂靠思想政治教育或人文素质与职业素养教研室，为专职辅导员的专业化和职业化发展提供学科支撑。同时，要创造条件支持一线专职辅导员开展与实际工作有关的实践性研究，推动专职辅导员队伍由"埋头苦干型"向"实践研究型"转变。条件成熟的高等院校最好能为专职辅导员配备专门的导师，通过一对一指导来提升辅导员的理论素养和科研水平等。高等院校要把学生思想政治教育与管理的研究纳入哲学社会科学科研管理范畴，并进行规范管理。充分发挥学校思想政治工作研究载体的作用，为专职辅导员开展研究工作提供平台。学校要划拨研究专项基金，采取招标和委托的方式，就大学生思想政治教育中迫切需要解决的若干重大问题，支持专职辅导员开展应用性、前瞻性课题研究。支持和鼓励专职辅导员承担大学生思想道德修养与法律基础、形势政策教育，心理健康教育、就业指导等相关课程的教学工作，并合理核定其工作量。把专职辅导员开展教学和科研的情况作为年度考核和职称评定的重要依据。

总之,要培养出既有过硬的思想素质又能适应时代发展需要的应用型技能人才,从事高等学生管理的一线专职辅导员责无旁贷。在大力推进素质教育和加强大学生思想政治工作的今天,迫切需要建设一支思想品德过硬、专业素质扎实、工作能力和敬业精神较强的适应高校学生管理的长效性专职辅导员工作队伍。

第三节　高校班主任队伍建设

中国的高等学校不同于欧美高校,欧美高校实行的是书院制,而我们则实行"院——系——班级"三级体制,同时,中国的高校特别强调学校的教书育人职责,因此,一般而言,各高等学校都按照中央的规定配备有足量的思想政治教育辅导员(简称辅导员)。与此同时,各学校都根据学生工作的需要,建立以班级为基本单元,以专业、年级、系部(或二级学院)为主要归口的管理组织形式。几十年来,作为班级具体管理者的班主任这个概念,无论在小学、中学还是大学都是十分牢固的。

目前的班主任工作模式主要有两种:一种模式是采用辅导员直接带班负责班级的教育管理工作,一些学校要同时配备班主任,此时的班主任主要侧重于学生的专业指导和学习辅导,班主任的角色定位类似于导师制中的导师;在这种模式下,也有一些学校不再另外配备班主任,由辅导员负责全部的班主任管理工作。另一种模式是按照《教育部关于加强高等学校辅导员班主任队伍建设的意见》(教社政〔2005〕2号,以下简称教社政〔2005〕2号文件)精神配备的,做到了专职辅导员总体上按1:200的比例配备,保证每个院(系)的每个年级都有一定数量的专职辅导员。同时,每个班级要配备一名兼职班主任。

一、高等院校班主任的地位与作用

中共中央《关于进一步加强和改进大学生思想政治教育的意见》(以下简称中央16号文件)指出,辅导员和班主任是高等学校教师队伍的重要组成部分,是高等学校开展大学生思想政治教育的骨干力量。班主任负有在思想、学习和生活等方面指导学生的职责,是大学生健康成长的指导者和引路人。

(一)学生成长需要班主任的扶持

斯坦福大学教育专家内尔·诺丁斯在《学会关心——教育的另一种模式》一书中指出:"强调教育的道德意义,主张教育应该培养有能力、关心人、爱人也值得人爱的人"。如果学生没有处于一个被教师关心的环境中，很难想象他们如何学会关心他人以及公共事务。

（二）班主任是班级工作的核心

在思想政治教育中，班主任是班级的直接管理人，是开展学生思想政治教育活动的组织者。在安全稳定工作中，班主任是对学生进行安全稳定教育的责任人，负责掌握学生动态、了解学生需求，消除安全稳定隐患。在日常学生管理中，班主任是落实学院学生管理的一线教育工作者，是提供学生动态信息的主要来源，是开展家校互动和提高学生就业竞争力的重要力量；在学风建设中，班主任是学生进行学业规划的引导者，在开展诚信教育、考风考纪教育、鼓励学生积极参与社会实践活动，以及提高学生创新意识、培养学生创新能力等方面具有不可替代的作用。

（三）班主任是班级的灵魂

班主任从新生入学到毕业都在带班，可谓是，与学生千日相连、朝夕相处，毕业后也会保持十分密切的联系。学校有什么任务乃至通知都通过班主任传达或安排；党组织要吸收学生入党，不管班主任是不是党员，也要听听班主任的意见；至于评选考核、推优评奖，与班主任更有直接的关联。人们在列举学生情况时，往往都说是哪个班的，甚至是哪个人（指班主任）的。毕业后回校或遇见校友，都会问或答我是哪个人（指班主任）班上的，或者称班主任是谁。一般地说，在专科、本科阶段，只有当过班主任的教师才会理直气壮地说"某某是我的学生"，相当于硕士和博士阶段的导师与研究生之间的关系。由于班主任与班级学生联系的广泛性、密切性、频繁性和长期性，使得班主任对学生的影响非常直接、非常广泛乃至非常深刻，从一定意义上讲，班主任是班级的灵魂。[①]

（四）从事班主任工作可提升教师能力，促进教书育人工作

教师担任班主任，一是可以促进教师进一步深入学生和了解学生，更好地把握学生的需求和特点，为更好地开展教学活动打下良好的基础；二是可以提高教师的组织管理、沟通交流和处理复杂问题的能力，让他们积累丰富的学生工作经验，促进理论知识与具体实践的相互促进融合，全面提高教师的自身能力和综合素质。三是可以将教书和育人工作有效结合。早在20世纪前半叶，伟大的人民教育家陶行知先生就十分明确地提出他的主张："学校是施教育的地方，教员负施教育的责任""先生不应该专教书，他的责任是教人做人。"可见，教书育人是教师的天职，是教育工作应有之义。高校班主任制将教书和育人的两大职能有机结合，体现了教师天

---

① 邹泉. 高校思想政治工作中的心理教育机制的构建研究［M］. 沈阳：辽宁大学出版社，2019.

职的要求。

以上各方面的现实需求奠定了班主任在高校系统中的地位，也充分体现了班主任在育人工作中的特殊地位。

二、高等院校班主任的角色定位

班主任作为开展大学生思想政治教育的骨干力量以及大学生健康成长的指导者和引路人，在工作中扮演着多重角色，发挥着多种不同的职能，从多个方面体现着班主任对学生成长成才的重要价值。

（一）班级工作的组织管理者

班主任作为班级事务的第一责任人和主要管理者，全面负责所带班级的日常管理工作。从学生入学至毕业的 3 年间，无数大大小小的事情都是在班主任的指导下，师生相互配合协作得以完成的。班主任如同掌舵手，在把学生输往顺利毕业和优质成长成才彼岸的过程中，在确保学生安全稳定的基础上，既要把握好班级的前进方向，又要善于处理协调班级工作的具体事宜。学生的思想政治教育、班风班纪教育、评奖评优、学生干部队伍建设等各项工作都与班主任日常工作密切相关，因此，班主任的重要任务之一是当好班级工作的组织管理者，从宏观上掌控，从全局上把握，从细微处着手班级的各种事务，充分调动学生的主动性和积极性，营造积极向上的班风学风，营造良好的学习成长环境。

（二）学生成长路上的指导者

高等教育是一种以培养适应未来社会的具有较高思想道德素质和科学文化素质的准职业人的教育，其在人才培养目标、办学理念、教育模式．教学方式等各个方面都与中学教育存在着较大的区别。高校新生由于缺乏对大学的正确认识和深入了解，面对全新的高校生活往往表现出对新环境的不适应及对个人发展方向的迷茫困惑。部分学生存在着不自信心理和对目前所学专业茫然和不认可的心态。同时，处在不同阶段和不同专业的学生会面临各自不同的问题，这些问题与学生的日常生活、学习发展以及自身利益息息相关，若不能及时有效地处理将会对学生的成长成才带来或多或少的影响。因此，班主任对于学生成长过程中遇到的种种困惑给予指导和帮助就显得尤为重要，班主任的重要角色之一便是做好学生成长路上的指导者和引路人。

（三）人生观和价值观的引导者

班主任是青年学生道德品质的塑造者和人生观、价值观的引导者。大学期间是学生的道德修养、理想信念、人生观和世界观形成奠定的重要时期，学生的价值取向和道德追求很大程度上取决于其所接受的学校教育和文化熏陶，而班主任是与学生接触最多，联系最紧密的教师，其思想观念和言行举止会在无形中对学生的思想观念产生潜移默化的影响。因此，班主任要做好学生人生观和价值观的引导者，以日常思想政治教育为契机，引导学生树立正确的世界观、人生观和价值观，教会学生在复杂多变的社会环境中坚定立场、坚持原则、坚守信念、明辨是非。

（四）班级活动的主导者

班主任是班级活动的策划者。班级重大活动的开展，离不开班主任的指导以及学生干部的配合执行。一个学期举办什么样的班级活动，如何举办活动，活动要达到的目的和效果是什么，都需要班主任审核把关。其中的一些具体活动，还需要班主任提供指导，学生负责具体事务的执行落实，双方相互配合，才能顺利有序地开展下去。例如，主题班会的开展，需要班主任围绕当前的中心工作并结合本班学生的实际特点进行组织策划，并以此逐步教会学生处理问题的思路和方法。

（五）学生的良师益友

和谐良好的师生关系应是一种亦师亦友的关系。作为班主任，除了需要以师长的身份引导教育学生，也应该以朋友的身份深入到学生中间，赢得学生的信任与喜爱。这也就是班主任既要在学生中树立威信，履行传道授业解惑的职责使命，关心关爱学生的成长成才，尽己所能为学生的发展和需要提供指导和帮助。同时，班主任又要与学生打成一片，俯下身子以朋友的身份拉近与学生的距离，增进师生之间的情谊，倾听学生的真实心声，敞开胸襟接受学生提出来的意见和建议。除此之外，班主任还要积极发扬民主精神，抛弃师生之间呈二元对立的管理与被管理的陈旧观念，淡化师长身份，与学生平等对话、亲切交流，形成亦师亦友的良好师生关系。

三、高等院校班主任应具备的素质

高等院校班主任身处学生工作第一线，是学生从学校到社会过渡的导航人，扮演着多面角色以及承担着来自多方面的工作，应具备良好的综合素质。

（一）思想政治素质

班主任是高等院校思想政治教育工作队伍中的重要组成部分，是开展大学生思想政治教育的骨干力量。班主任的思想政治素质主要包括三个方面：一是自身的政治理论水平。班主任应当具有较高的政治理论水平和马克思主义理论基础，及时学习党和国家的最新路线方针政策，以自己理论知识和文化修养去影响学生。二是积极进取的精神。政治理论水平的高低并不能代表思想觉悟的高低，关键在于理论学习之后通过自身的思考将理论上升为行动的指南，使理论真正成为推动实践和提高业务的动力，并以积极进取的精神感染带动学生成长。三是自身的道德修养和师德师风。学高为师，身正为范，作为一名高等院校班主任，在教育学生、管理学生和服务学生的过程中，如果具有良好的道德修养和师德师风，具有明确的善恶是非观念，那么他在做学生思想政治教育工作时，就可以通过身教的力量做好学生的思想政治教育工作。

（二）业务素质

班主任工作是一项十分讲究工作方法和技巧的综合性工作。班主任在实际工作中会面临多种问题，面对班级可能发生的事情，需要班主任具备扎实的业务水平，拥有丰富的知识储备，并且善于灵活运用知识。因此，班主任业务素质的提升对于提高班级管理的成效性具有重要的作用。首先，班主任需要加强业务学习，不断通过日常学习充实完善自身的知识结构，掌握与学生教育管理工作相关的教育学、管理学、心理学、思想政治教育原理与方法等多方面的知识，了解与学生管理相关的各种规章制度和实施办法，研究当代大学生的心理特点和成长规律，加深对班级管理和思想政治教育的理解与把握。其次，班主任应当主动学习、了解与自己所带班级学生专业相关的基础知识，从而更有针对性地对学生开展专业方面的指导，增进与学生之间的沟通交流。通过系统地了解教育目的和教育原则、教育过程和教育方法，科学地调控教育环境，合理利用各种教育资源，把握学生的最新动态，达到最佳的教育效果。

（三）心理素质

班主任工作对于学生的成长成才起着重要的影响作用，这要求班主任首先必须具备强烈的事业心和责任心，对学生工作怀有高度的热情和主动负责的精神，用爱心、关心、耐心和细心把班主任工作当作一项崇高的事业来对待和追求。其次，班主任应具备良好的心理素质。心理素质较好的人，面对各种问题能处变不惊，通过自己敏锐的观察和客观的推断找到问题的关键所在并采取正确的方法予以解决。具有必要的心理健康知识的人，可以及时发现并有效化解学生的心理冲突，可以合理利用校内外资源做好学生的心理健康教育，培育心智健康的学生。除此之外，拥有年轻健康心态的班主任也更容易和学生相处，更容易成为学生的知心朋友，从而更好地开展学生工作。

四、高等院校班主任队伍结构

按照系统论的观点，一个系统能否产生较强的功能，取决于两个基本的因素：一是构成系统的要素质量；二是系统要素之间的组合联系方式，即系统的结构。高等院校要根据实际工作需要，对班主任工作队伍进行科学的结构配置。其中，一支结构合理的班主任队伍主要体现在以下几个方面：

（一）年龄结构

年龄结构主要是指班主任队伍人员结构中，不同年龄人员的比例构成和相互关系。年龄是一个衡量个体成熟程度的重要特征量，不同年龄的群体在身心特点、性格气质和思维方式等方面都有较大的差异，不同年龄的教师具有不同的优势，教育和管理学生所运用的方法与手段也不尽相同，因而它是班主任队伍人员结构中的一个重要因素。例如，老年教师的教学经验较为丰富，教学基本功底扎实，但可能激情和活力相对不足，且可能会与学生之间存在较大的代沟；青年教师充满激情和活力，教学方式和手段比较新颖多样，较易与学生打成一片，但是实际教学经验比较欠缺，处理问题的能力相对欠缺；中年教师兼具了老年教师与青年教师的优势，但往往由于家庭、生活、教学、科研等事务缠身而导致投入到学生身上的时间和精力有限。因此，在加强高校班主任队伍建设中，我们应考虑把不同年龄段的教师吸纳进来，全面覆盖到"老骥伏枥"的老年教师、"中流砥柱"的中年教师、"生机勃勃"的青年教师，使不同年龄阶段人员的优势互补，从而构成一个老、中、青相结合的比例均衡的综合体，并使此结构处于不断发展的动态平衡中。

（二）知识结构

知识结构主要是指班主任队伍中具有不同知识水平和知识结构的人员构成比例和相互关系。从知识水平来看，高等院校教师的知识有多少之分和深浅之别，学历层次涉及从本科到博士各个层次，并且教师的教学和科研水平也有着显著的差异。从知识结构来看，高等院校各系部教师的专业五花八门，跨度较大，涵盖了学校所有的学科门类，每位教师所擅长的具体研究方向不尽相同。因此，要打造一支拥有合理知识结构的高等院校班主任队伍，必须将不同知识水平和知识结构的人员编排进来，结合每名教师的特点和强项，分别担任不同年级和不同专业的班主任，并且尽量保证班主任所学的专业与所带班级学生的专业相同或相近，以便更好地对学生开展学业和专业指导。另外，在知识水平方面，应当由初级、中级、高级职称的人按一定的比例构成，一方面鼓励知识水平相对较弱的年轻教师积极投入学生管理工作，另一方面也可以充分发挥中高级职称教师对年轻教师的引领和带动作用。

（三）能力结构

能力结构主要是指班主任队伍中，具有不同工作能力人员的比例构成和相互关系。每名教师所擅长的能力各有不同。班主任能力主要包括专业能力和个人特长两个方面，其中个人特长包括演讲表达能力、动手实践能力、社会调研能力、写作表达和组织策划能力等各种具体的能力水平。专业能力和个人特长分别对于帮助学生进行学业指导和发展学生的综合素质具有重要的作用。例如，可以安排动手实践能力较强的老师担任工科专业类教师，指导学生开展各类电子机械类作品制作；安排喜好计算机的教师担任信息技术类专业班主任，安排有丰富社会实践和推销经历的教师担任市场营销类专业班主任。通过对不同能力结构的人员进行合理的配置，形成能够发挥最佳效能的有机整体。

（四）性别结构

性别结构主要是指班主任队伍中，不同性别人员的比例构成和相互关系。思想政治教育工作对象的性别差异，要求思想政治教育工作队伍必须有合理的性别结构。在不同的情况下，应有不同的男女比例组合。例如，对于女生较多的班级，应侧重于选择女教师担任班主任，以便班主任能以过来人的身份设身处地感受女生的一些真实想法，同时这也方便班主任进寝室了解学生的生活情况。但是，性别结构并不意味着男女师生必须一一对应，有时候也要考虑到性别的互补，在性别比例较为失调的情况下选择异性教师能弥补某一方面较弱带来的缺陷，有时反而会给班级带来意想不到的效果。总之，性别结构应在总体平衡的情况下，视具体情况进行调整和配置。

五、高等院校班主任队伍建设的原则

教育以育人为本、以学生为主体，办学以人才为本、以教师为主体。而班主任是教师队伍的中坚力量，是学生思想政治教育的主要力量，需要以正确的理念和方法加强高等院校班主任队伍建设，以确保班主任人才层出不穷，活力永驻。

（一）人尽其才，优化配置

建设一支思想素质好、业务水平高、综合素质强的高等院校班主任队伍，关键在于对教师进行人才资源开发，对学校教职工的知识、能力和素质进行综合测定，科学合理地组织和使用，持续不断地增强学校员工的能力，形成群体合力，提高学校整体效能的管理活动。首先，学校要帮助教师对自己进行正确的认识和全面的评估，包括对自身的条件、兴趣、爱好、优缺点、能力和追求的认识或评价，认清自己的脾气秉性、优势才干。其次，学校要注重战略性和整体性，谋求人与事、人与人之间的相互适配，充分发挥教师的潜能和作用，帮助他们制订职业发展规划。最后，学校在对教师职业生涯设计评价的基础上，提供职业发展的信息和咨询，制订开发策略，使教师和工作岗位实现良好的匹配。

（二）统筹兼顾，合理引导

高等院校班主任队伍建设是一项系统工程，不仅要考虑到队伍中人员的数量和质量，还要考虑到队伍的结构性问题以及个体与整体之间的关系，个体与岗位的匹配程度等。因此，高等院校进行班主任队伍建设时，应当秉承统筹兼顾、合理引导的原则，从宏观上掌控，从全局上把握，打造一支结构合理的班主任队伍。在进行队伍的整体设计时，要将设计的出发点和目的告诉班主任，争取每一名个体成员的积极配合，避免因沟通不畅引起不必要的误会。同时，要加强对班主任的合理引导教育，帮助班主任树立大局意识，让其充分发挥自身的主观能动性，自觉地与学院的总体要求保持一致。

（三）公平公正，科学考核

为了充分调动班主任工作的主动性和积极性，应制定高等院校班主任工作条例，进一步明确其工作职责和工作要求。应本着公平公正、奖惩分明的原则，建立科学完善的考评机制，对班主任的工作表现和工作业绩进行客观的评价。考核要坚持定量考核与定性考核相结合。定量是定性的基础和前提，没有一定工作量的付出，不可能会有工作性质上明显的提高。定性评价是对一个阶段或者一个年度的工作情况给出一个结果。将定量考核和定性考核结合起来，保障了考核的客观性与科学性。要将考核结果与职称职务聘任、奖惩、晋升等物质和精神奖励挂钩。要完善班主任评优奖励制度，将优秀班主任表彰奖励纳入各级教师、教育工作者表彰奖励体系中，按一定比例评选，统一表彰。要树立一批班主任先进典型，宣传他们的先进事迹，充分肯定班主任在学生思想政治教育中的贡献，并从物质层面、精神层面和个人发展等多方面对优秀班主任给予大力支持。对于工作不称职的班主任要进行批评教育，仍无改进的应调离工作岗位。在事关政治原则，政治立场和政治方向问题上不能与党中央保持一致的，不得从事班主任工作。通过建立完善班主任工作考评机制，充分调动班主任工作的积极主动性，促进班主任队伍建设朝着规范化、有序化和竞争化的方向发展。

六、高等院校班主任工作的特征与重点

高等教育的目的是培养人才，其教育的导向尤为明显，高等教育中与学生成长紧密相关的班主任工作具有鲜明的阶段性特征。这种阶段性特征要求班主任根据不同阶段学生的身心特点和发展需要开展具有针对性的活动。

（一）大一阶段是帮助学生尽快适应新环境的重要阶段

努力实现从中学到大学的平稳过渡，调整个人认知和心态情绪，使学生能更好地融入大学生活。班主任要注重对大一学生进行学习习惯养成和学业生涯谋划的指导工作。大学与中学的教育管理模式截然不同，而许多学生对大学的认识是非常片面和浅薄的，同时他们也缺乏相应的思想和心理准备，当面临完全不同的大学生活时，他们往往会变得手足无措和迷茫困惑。另外，一些学生在高中时期习惯了一切以高考为中

心的学习生活模式，而上大学后由于失去了曾经奋斗的目标，不知道自己努力的方向，从而产生了强烈的无所适从感。这时，班主任需要及时帮助新生调整个人认知和心态，树立新的奋斗目标，指导他们开展以职业为导向的学业生涯规划，让他们尽快找到自己的兴趣点和未来的发展方向。

（二）大二、大三阶段是学生进行知识积累和能力提升的关键时期

在学生逐步适应大学的生活，养成大学的学习习惯之后，就进入了专业知识的学习生活。班主任在这一阶段的工作重点是对学生进行职业能力培养、职业操守养成和职业素质提升。在此阶段，知识传授和技能培养的工作主要是由专业教师担任，班主任应主动与之沟通做好专业教育。而一些班主任往往也是专业教师，更应当将专业教育与日常学生管理巧妙地融合在一起，实现班主任与专业教师双重角色的有机统一，促进学生专业知识和职业素质的提升。[1]

（三）大四阶段是学生逐步走出学校进入社会成为一名准职业人的重要阶段

经过前三年的学习、积累和准备，大四时许多学生将踏上实习岗位开始全新的生活。这一阶段班主任的工作重心在于加强对学生的就业与创业指导，做好学生毕业实习的教育管理工作。大四开始，班主任就应当帮助学生树立正确的就业和择业观念，根据自身的条件和兴趣爱好明确自己的就业目标和求职意向，并不断修正和完善。班主任应当对学生进行就业政策宣讲、求职与就业技巧指导，使学生有充足的准备和充分的把握去应对求职就业，提高学生的就业成功率。这一阶段需要班主任紧紧围绕促进学生就业这一中心目标投入大量的时间和精力对学生进行就业指导工作。同时，班主任应做好学生毕业实习的教育管理工作。通过现场走访，以及电话、QQ、短信、微信等方式进行联系，及时了解学生的实习状况并做好安全防范教育，做好思想、心理上的教育和引导工作，使之适应实习生活，为其进入社会做好心理和思想的准备。

---

① 卢虹. 应用型教师发展研究［M］. 上海：同济大学出版社，2019.

第七章

新时代背景下高校凝聚力的建设

第一节　高校凝聚力概述

一、高校凝聚力的内涵、类型与特征

（一）高校凝聚力内涵

群体凝聚力指群体对其成员的吸引力和群体成员之间的吸引力，以及群体成员对群体的满意程度。本研究中，根据这一定义，我们认为，高校凝聚力指高校对教师的吸引力、教师对高校的满意程度与向心力，教师之间及教师与其他学校成员之间的相互吸引力或接纳程度。

首先，高校凝聚力是学校对教师个体的吸引力。具体表现为教师非但不愿意离开学校，反而被学校所吸引，热爱学校。从内部因素考虑，学校对教师个体的这种吸引力主要取决于高校的共同目标和工作吸引力、组织结构、管理制度、校园文化、管理者和人际关系。从外部因素考虑，主要源于社会对高校教师所从事的教育教学工作的认可和支持。

其次，高校凝聚力是教师个体对学校的满意程度和向心力。这种教师个体对学校的满意和向心力表现为教师对学校及学校工作不仅没有不满与怨气，而且产生了发自内心的认同感和自豪感，它在一定程度上以学校对教师的吸引力为基础，并使教师个体对学校拥有热爱之情，对岗位抱有敬业之意，对工作奋发有为，对学校生存与发展高度关注。

最后，高校凝聚力是教师之间及教师与其他学校成员之间的相互吸引力或接纳程度。这种相互吸引力或接纳程度主要建立在教师之间及教师与其他学校成员之间融洽、

和谐的人际关系之上，表现为教师与教师之间取长补短、共同发展的关系，教师与管理者之间理解支持、相互信任的关系，教师与职工之间彼此尊重、相互合作的关系，教师与学生之间尊师爱生、教学相长的关系，这种和谐、融洽的人际关系能促使教师们更好地完成工作任务，有利于学校的发展。

（二）高校凝聚力类型

扎克兴罗和他的同事将凝聚力分为任务凝聚力和人际凝聚力。前者指由于成员对群体任务的喜好或责任感，或由于群体能够帮助其成员实现其重要目标和满足其重要期望而产生的凝聚力，主要源于群体的工作目标和群体所提供的工作激励；后者指群体因人际关系良好而产生的对成员的吸引力，产生于群体成员的归属感和成员间的相互喜欢。特则纳也作了类似但名称不同的区分，他将凝聚力分为工具凝聚力和社会情感凝聚力。前者指基于任务、目标的凝聚力，其产生的基础是群体成员在共同实现目标和完成任务的过程中所必须具备的信任和合作行为；后者指建立在社会情感或情绪基础之上的凝聚力，其产生与成员参与群体决策和从群体获得情感满足有关。按照这种理论，我们认为，高校凝聚力也可以分为任务凝聚力和人际凝聚力，任务凝聚力是指由于高校教师对学校教学、科研、社会服务等工作任务的热爱、喜好或责任感，或由于高校能够帮助教师实现其重要目标和满足其重要期望而产生的凝聚力，主要源于高校的工作目标和高校所提供的工作激励；人际凝聚力是指高校因教师与教师、教师与管理者、教师与职工、教师与学生之间的人际关系良好而产生的对教师的吸引力，奠基于高校教师的归属感和教师之间及教师与其他学校成员之间的相互认同、接纳、喜欢、关心、支持等。据此，高校凝聚力建设应避免只重视任务凝聚力建设而忽视人际凝聚力建设的问题，要同等关注和加强这两种凝聚力建设。

（三）高校凝聚力特征

高校凝聚力具有动态变化性、动力性和多维性的特征。

高校凝聚力的动态变化性是指高校凝聚力会随着影响高校凝聚力因素的变化而变化。这是因为，影响高校凝聚力的因素不是静态不变的，而是发展变化的，这些因素的变化必然会使高校教师先前对这些因素的认知或感受发生改变，继而使学校对他们的吸引力、他们对学校的满意度与向心力以及他们相互之间的吸引力出现变化，从而影响了高校的凝聚力。例如，若学校的组织结构发生改变，新的组织结构设计不能做到量才而用，难以满足教师发展的需要，那么教师对先前组织结构满意的认知就会发生改变。而对新的组织结构设计不满，会导致他们对学校的向心力减弱，从而降低了学校凝聚力。

高校凝聚力的动力性是指高校凝聚力会对高校教师的行为产生影响进而决定学校的绩效。群体动力心理学家勒温通过研究发现，群体的凝聚力能给群体成员的行为以动力，引发、维持并调节群体成员的行为，对群体成员的行为产生直接影响，并通过群体成员的行为而影响群体的绩效或群体目标的实现程度。凝聚力强的群体，成员之间表现为相互合作、友好、鼓励和支持等，成员的工作积极性高；而在凝聚力弱的群体中，成员之间相互指责、批评，相互推诿责任，工作不努力。同理，在高校中，凝聚力的高低也会对教师的行为产生直接影响。凝聚力高，则教师围绕学校的办学目标和中心工作，同心协力，积极主动地开展工作，他们遇到矛盾能主动地相互沟通，达成一致，彼此之间也愿意承担更多的责任；反之，凝聚力低，那么学校人心涣散，工作缺乏积极性，教师不愿意承担责任，出现问题相互推诿，严重的将直接导致教师讨厌工作甚至离职。

高校凝聚力的多维性是指形成高校凝聚力的因素是多方面的。前面指出，国外学者认为，凝聚力可分为工作凝聚力（任务凝聚力）与人际凝聚力（关系凝聚力），高校凝聚力也可分为工作凝聚力（任务凝聚力）与人际凝聚力（关系凝聚力），因此，在我们看来，高校凝聚力有的是因为高校能够帮助教师实现自己重要的目标和满足自己重要的期望而产生的凝聚力；有的来源于教师之间及教师与其他学校成员之间良好的人际关系而产生的对成员的吸引力；有的是因为高校工作本身的乐趣、发展性和挑战性等能使教师喜欢、热爱学校工作而使其产生对学校的向心力；有的是因为高校提供的良好教学、科研条件能使教师具备工作成就感而产生的对学校的向心力；等等。当然，高校凝聚力不可能是单一因素的产物，而是多种因素作用于教师后而产生的积极结果。

二、高校凝聚力的价值

（一）高校凝聚力为高校生存和发展所必须

一方面，就国内而言，为了适应高等教育规模扩展和质量提高的需要，我国高等教育走多样化求发展、质量立足和特色兴校的发展道路，高校之间的竞争日益激烈。高校为了在这种竞争中生存和发展，必须提升学校的人才培养质量和办学水平，而要实现这个目标，需要教师团结一致，努力工作，即需要教师的凝聚力。另一方面，近年来，境外高校也盯上了中国的教育市场。国外高校通过提供较为优质的教育服务，吸引我国的优秀生源到国外求学。如近年不少国外的教育机构热衷于到我国举办教育展，宣传其优势，借以吸引我国生源到国外留学。与此同时，国外跨国公司和教育机构还会利用先进的网络教育，以网络大学的形式争夺我国生源。中外合资的教育机构或外企独资的教育机构实行人才本土化战略，从我国高校中挖走人才，争夺优秀教师、专家、学者。为了能在激烈的市场竞争中站稳脚跟，高校凝聚力就显得十分重要。因为高校间的这种激烈的竞争，说到底是人才的竞争，是教师资源和学生资源的竞争。

教师作为学校教育教学的重要力量，其精神状态往往起到至关重要的作用。这种精神状态要求是团结拼搏的状态，自强不息的状态，人心思齐、人心思进的状态，也就是具有强大凝聚力的状态。因此，为了高校的生存和发展，高校管理者必须关注、关心、激励、支持教师，增强学校的凝聚力，把教师团结起来，通过他们献身教学、科研及其他工作，使学校在竞争中生存，在竞争中发展。[①]

（二）高校凝聚力是教师合作的基础

高校教师的人际关系非常复杂，教师们不仅年龄跨度大、个性鲜明，而且价值观念多元化，如有的教师重科学，人际关系多受理论兴趣的调节；有的教师重伦理，人际关系多受道德倾向的调节；有的教师重文化，人际关系多受文化倾向的调节；有的教师重信仰，人际关系多受理想和信念的调节；有的教师重职责或工作，人际关系多受工作态度与效率的调节；等等。并且作为知识分子的高校教师，部分还有"文人相轻"的思想，在教师间的人际关系中具体表现为彼此冷淡、不合作、不服气、相互排斥等。这种复杂的人际关系不利于高校教师间的合作。然而，在高等学校，不仅教师在提高工作绩效和实现组织目标时需要相互合作、支持和帮助；而且在专业或课程教学中，也需要教师交流教学心得，共同开展教学研究与反思，提高教学水平；在科学研究中，合作更是不可缺少，特别是随着科学技术发展的综合化、一体化趋势，更需要教师联合攻关，共同奋斗。因此，高校顺利开展各项工作需要教师具备合作意识。合作意识是个人希望和他人在一起建立合作、友好关系的一种心理倾向。高校教师要提高合作意识、进行友好合作的最佳途径就是要增强高校的凝聚力。这是因为，高校凝聚力的一个成分是教师之间的相互接纳程度或亲和力，这种亲和力能够减少甚至消除因人际关系的复杂性而造成的各种冲突，是教师合作的基础。不难理解，凝聚力高的高校，教师之间亲和力强，人际关系融洽，沟通及时，矛盾或冲突少，能产生强烈的合作意愿和较强的协调能力，提高彼此间的工作配合度，行动一致，紧密合作，共同实现学校目标。

（三）高校凝聚力促使教师产生归属感、自豪感、责任感和工作积极性

首先，高校凝聚力促使教师产生归属感。每个人都具有归属于一定群体的社会需要，希望自己成为群体中的一员，和他人保持有意义的联系，并能得到群体的认同、接纳、关心和帮助。教师对学校的归属感，就是教师将自己在社会中的位置定位在所处的学校，认识到自己是学校的一员及学校对自己的重要性，使自己各层次需求得以满足，将自己的命运与学校联系起来。如果高校能够满足教师工作、生活、娱乐等方面的需求，为教师的发展创设良好的校园物质环境和积极向上的校园精神环境，为教

---

① 梁韵妍. 创新创业教育背景下"双师型"教师胜任力模型研究与构建 [M]. 北京：航空工业出版社，2019.

师的成长、自我价值的实现提供条件，那么，教师就会有归属感，就会愿意在高校与其他教师、管理者、职工、学生一起为了学校的发展而积极努力地工作。

其次，高校凝聚力促使教师产生自豪感。自豪感就是教师以学校为荣，为学校骄傲，认为自己的学校对社会有突出的贡献、良好的声誉、美好的形象并且自己有可观的收入，并因此产生荣耀心理。如果社会或外界对学校的评价高，学校的知名度高，在这样的学校工作的教师就会因此获得强烈的集体荣誉感以及自豪感。

再次，高校凝聚力促使教师产生责任感。教师责任感是教师分内应做之事或本职工作要努力做好的强烈愿望。教师被学校吸引，认同学校目标，对学校的满意度比较高，喜欢和热爱自己的学校，就会关心自己的学校，时刻关心学校的发展，将学校的命运、发展和前途与自己的利益获得和价值实现联系起来，产生对工作或职责的强烈责任感。

最后，高校凝聚力促使教师产生工作积极性。管理心理学认为，需求是工作者对某种目标的渴求或欲望，工作动机是推动工作者去从事工作并指引工作者去满足需求的动力。工作者的需求得到满足时，就会产生努力做好工作的动机，就会有很高的工作热情，并表现为始终如一的工作努力，但这种动机的强弱同群体对他们关心的程度和他们的需求被满足的程度密切相关。如果学校关心教师，满足教师的需要，提高他们的满意度，将教师团结起来，凝聚在一起，教师就能产生强烈的工作动机和高涨的工作积极性，产生积极向上的强烈愿望，表现奋发图强的精神面貌，就会处于最佳精神状态，精力、时间、智慧就会被吸引到工作中，全校教师心往一处想，劲往一处使，努力完成各项任务，实现学校的办学目标。

（四）高校凝聚力能规范教师的行为

高校凝聚力规范教师的行为是通过形成良好的群体规范和正确的群体舆论实现的。

首先，高校凝聚力能够形成良好的群体规范。群体规范是指群体所建立的普遍认同的行为标准与准则，是群体成员必须遵守的行为准则及评价体系，由一整套不成文和成文的必须遵守的规矩组成，规定了每个成员的行为，只有凝聚力强的群体才能建立和形成成员都能遵守的群体规范。显然，高校规范的形成有利于教师确立共同的观念与价值标准，从而培养教师的集体观念，强化教师的职业道德，规范教师的行为，遵守学校的规范，增强自律意识，养成良好的行为习惯。

其次，高校凝聚力有利于形成正确的群体舆论。群体舆论是指在群体范围内发生的舆论，它表现了群体内多数人对普遍关心的事情或问题的一致意见、情绪和意志，并构成对少数持不同意见者的公开压力。凝聚力强的高校，教师间关系融洽，交往频繁，沟通及时，信息传递快捷，更容易形成正确的群体舆论。群体舆论的形成能够对教师的不良行为形成群体压力，使教师有效地抵制各种错误思想的影响，互相监督、抵制不良行为，有效地消除散漫、随意的现象，增强教师行为的自我约束力。

三、影响高校凝聚力的因素

高校是一个处于开放系统状态下的组织。在开放系统中，组织存在于"组织场"中。同样，学校也处在由众多因素构成的组织场中，这些因素对学校产生影响。高校的组织场中也有很多因素，它们影响高校，对高校教师的心理产生作用，从而也影响着高校凝聚力。在这些影响高校的因素中，既有外部因素，又有内部因素，它们之间相互作用，共同影响高校凝聚力。

（一）影响高校凝聚力的外部因素

我们认为，影响高校凝聚力的外部因素很多，限于篇幅，主要分析以下因素：

1. 社会生活方式与社会重视人才的程度

一方面，社会生活方式影响高校凝聚力。生活方式是指个人、家庭及相关人群在一定历史条件、社会环境中，为谋求自己的生存与发展而选择、确立的日常生活的诸方面构成和实现方式。高校教师作为社会人，其心理认知、行为选择和工作态度等都会受到社会生活方式的影响。当社会的生活方式处于积极向上状态时，例如，人们都主动积极地关心、帮助对方，普遍认同集体利益高于个人利益，普遍关心、忠于自己所属的组织等，就会潜移默化地对教师的心理产生积极作用，从而影响他们的行为，促使他们将自己的个人目标融合在学校的发展目标之中，增强集体观念，形成献身学校的精神；也使教师在面对利益冲突时能够为了学校的发展相互理解、团结、合作，从而有利于形成良好的人际关系，增强高校的凝聚力。反之，当社会的生活方式处于消极落后状态时，例如，人们相互之间关系淡漠，"事不关己，高高挂起"，将个人的得失、利益看得高于一切，缺乏组织忠诚度或集体观念等，教师在行为上就会表现为缺乏合作与牺牲精神，害怕"吃亏"，有的甚至为了个人的利益而不惜损害他人或学校的利益，激发矛盾，引发冲突，教师间人际关系紧张，从而不利于高校凝聚力的形成，甚至使高校已经形成的凝聚力降低。

另一方面，社会对人才的重视影响高校凝聚力。马斯洛在他的需求层次理论指出，所有的人都有尊重的需求，需要自尊、自重，或被他人尊重，渴望自己的努力得到承认，希望得到他人和社会的高度评价与重视。高校教师属于知识型劳动者，相对于其他劳动者，他们更渴望获得尊重与重视。社会对人才的重视必将促使高校教师看到自己工作的价值，认同、喜欢、热爱教师职业，表现出巨大的工作热忱，产生更高的工作积极性，并使他们因自己是高校教师而幸福、自豪，产生职业荣誉感及对学校的向心力，从而增强他们的凝聚力。其次，社会对人才的重视，促使社会各行各业和各种组织更加激烈地争夺人才，高校教师由于大多都是各领域内的行家，是组织核心竞争力的源泉，对于组织的发展起关键作用，必将成为争夺的主要对象。高校为了吸引、留住人才，必然关注教师，关心教师，改善管理，提高教师的满意度，使他们愿意为了高校的发展贡献自己的智慧与力量，从而提高高校的凝聚力。

2. 高校教师的社会地位

对高校教师社会地位的衡量，一般以教师的经济待遇、教师的社会权益和教师的职业声望等为评价标准，因此，高校教师的社会地位是影响高校凝聚力的一个因素。高校教师社会地位对凝聚力的影响主要表现为：

首先，高校教师经济待遇会影响高校对教师的吸引力。马斯洛的需求层次理论指出，人的一切需求中，保障自己生存的需求即生理需求是最基本的需求。高校教师作为生命体，在社会上得以生存的第一需要也就是保障自己所必需的物质生活，而这种保障主要以经济待遇为前提条件。因此，高校教师经济待遇不仅关系到教师生理需要满足的程度，而且会影响他们对教师职业的忠诚度。若在整个社会行业中高校教师的经济待遇居于中上水平甚至更高，他们就会安心于本职工作，对学校的忠诚度就会高，学校对他们的吸引力也就会大；反之，若其他行业的经济待遇远高于高校教师的经济待遇，那么他们的心理就容易失衡，高校对他们的吸引力也会随之减弱，进而造成他们的工作积极性低甚至离职。[①]

其次，高校教师权益保障直接影响高校教师对高校的向心力。教师的社会权益包括两方面内容，一是指教师在履行职责时所具有的权力；二是指教师在社会中享有的合法利益。这两种权益的保障都必须有国家相应的法律、法规去规范。这样，当教师的权益受到侵害时，他们才有维护自己合法权益的依据，才能使他们觉得自己的职业有保障，愿意继续留在高校从事自己的工作，从而增强他们对高校的向心力。反之，社会若没有保障教师的社会权益，教师就会有不公平感，就会产生离职倾向。

最后，高校教师职业声望直接影响高校教师队伍的稳定。职业声望反映着一个社会对一定职业的评价的高低，进而决定着人们对这一职业的肯定或否定、尊重或鄙视的态度。作为知识型劳动者，高校教师有受尊重的需要，社会对高校教师职业评价高，尊重教师，教师对自己的职业就充满了自豪感与荣誉感，就更愿意从事教师这一职业，高校对他们的吸引力就越大，进而会增强高校的凝聚力。相反，若教师职业声望低，不受人尊重，高校教师就会嘲笑自己当初选择教师这一职业的决策，就不愿意继续留在高校，而去另谋职业。

3. 高校的知名度

高校的知名度能够使高校获得更多的外部支持，从而可以增强高校对教师的吸引

---

① 刘子瑜. 高校与学科发展中的教育与培养［M］. 北京：中国农业大学出版社，2019.

力。一所知名度高的高校往往具有"光环效应""马太效应",其主要表现为：①人才吸引。人才都希望在知名度高的学校中一展身手，实现自身价值。②资金吸纳。企业喜欢向知名度高的高校投资，银行更是"嫌贫爱富"，借贷优先考虑名校。③政府支持。知名度高的高校在社会上影响举足轻重，政府在政策优惠、资金投入等方面向来都是喜欢锦上添花。④家长与学生信任。名校是高质量的代表，自然令家长与学生放心与神往。总之，大量的社会资源、要素、荣誉等都向知名度高的高校集中。这种影响对学校而言，可以获得国家、社会更多支持，改善办学条件，从而能够给教师提供充足的科研经费以及更好的发展空间，满足他们个人发展和价值实现的需要。总之，知名度高的高校容易使教师产生自豪感、满足感、归属感，教师会发现这里是他们实现人生抱负的最理想场所，因而对学校产生向心力；而学校因此对他们更具吸引力，凝聚力更强。

4. 高校的外部压力

罗宾斯指出，大多数研究支持的一个命题是：如果群体受到外部攻击，群体凝聚力会增强。巴克在研究影响群体凝聚力的因素中指出，群体的外部压力会对群体内部成员产生影响。当群体面临与其他群体的竞争和冲突而感到压力很大时，群体内部成员的矛盾会缓和或停止，矛头一致对外，群体凝聚力会急剧提高。同理，当高校面临外部压力时，教师之间相对于以往会更团结，更具有凝聚力。这是因为，从组织行为学来分析，外部压力能够对教师的行为产生激励作用。行为主义理论家伍德沃思指出："有机体在环境中由于缺失某些东西会产生多种需要，需要产生时，有机体内部会产生一种'驱动力'，使有机体释放一定的能量和冲动，激发和推动有机体表现出满足需要的行为。"根据管理心理学中人是组织实现目标的工具，以及组织是人满足需要、自我实现的工具的原理，高校作为教师需求满足的工具，它的生存与发展直接关系到教师的利益，特别是直接关系到教师的生存与发展，直接关系到教师需求能否满足和满足的程度。当高校面临外部压力时，高校的生存和发展就会受到威胁，高校教师的需求满足、利益获得、自我实现就会直接受到影响，因此，高校的外部压力会使教师产生危机心理，为了保证自己的需要和利益，高校教师就会齐心协力，团结起来，高校的凝聚力也会因此而得到增强。

（二）影响高校凝聚力的内部因素

唯物辩证法认为，内因往往是促成事物发展的主要原因，外因对事物发展会有一定影响，但不起决定性作用。这一原理告诉我们，外部因素对高校凝聚力的影响比较小，内部因素的影响更大，因此，以下重点分析影响高校凝聚力的内部因素。

管理心理学的研究表明，工作中的报酬、提升、管理、工作本身、同事关系等五个因素会影响工作满足感。还有研究者在综述中指出，心理挑战性的工作、公平的报酬、支持性的工作环境、融洽的同事关系以及人格与工作的匹配等因素决定了工作满足感。显然，这些都是群体的内部因素，它们通过影响员工的工作满足度而决定群体凝聚力。同理，高校的工作目标、工作特性、组织结构、管理制度、管理者、校园文化、人际关系等内部因素也会影响高校凝聚力。

1. 工作目标

群体动力学研究证明，确定共同目标是促进其凝聚力提高的一种手段，由此可见，共同目标对于组织成员具有凝聚功能。同理，高校的共同目标对于教师也具有凝聚功能。所谓共同目标指学校和所有教师一起享有的目标，之所以共同目标具有凝聚功能是因为：首先，共同目标是立足于学校实际，在现有办学条件下制定的总体发展目标，体现了学校的总体发展方向和各个时期的发展规划，能为教师提供清晰的学校未来发展方向，使教师能看到学校的未来、自己的前途和发展的可能性，从而有利于教师规划自己的职业生涯，增强他们的归属感和安全感，安心地留在学校工作，从而增强了学校对教师的吸引力。其次，共同目标能被全体教师认可和接受，并为之奋斗，从而能够使学校各院系、各学科、各专业的教师统一认识，树立全局观念与集体观念，经常沟通，淡化个人利益和冲突，为了学校的发展相互配合、彼此协调，产生良好的人际亲和力与凝聚力。

2. 工作特性

管理心理学家提出了任务或工作特性理论。其中，特勒尔和拉卫斯认为，复杂性的任务对工作者更有吸引力，在他们看来，任务的复杂性可从变化性、自主性、责任、所需知识及技能、所需的社会交往、可选择的社会交往来衡量。霍克曼和欧德孟提出的工作特性模型认为，任何工作的吸引力都可以用技能多样性、任务一致性、任务重要性、工作自主性和工作反馈这五个核心指标来描述。我们认为，高校工作的三种特性会影响教师凝聚力。一是高校工作的重要性。教育是民族振兴、社会进步的基石，是提高国民素质、促进人的全面发展的根本途径，寄托着亿万家庭对美好生活的期盼。高校工作是意义重大的工作。因为在一个知识越来越重要的社会里，越来越多的人将教育视为希望所在，良好的教育意味着更好的未来，高校教师教书育人，进行科学研究，为这种未来和希望创造条件，这就使教师看到了自己的职业价值，从而提升了他们对于教师职业的忠诚度，增强了他们对实现其职业价值所在组织——高校的向心力。二是高校工作的自由探索性。高校相对于其他社会组织的最大特点是学术性，高校工作需要教师自由探索。高校能够为教师提供比较优良的科研条件，如经费、时间、设备、氛围等，让他们进行科研活动，这就使得高校教师对自己的领域能够自由探索，满足了他们探索、研究的需要。同时，高校教学也是学术活动，具有学术性，需要教师自由地开展教学和教学研究工作。因此，科研与教学工作有利于提高学校对教师的吸引力以及教师对学校的向心力。三是高校工作的成长发展性。无论是教学、科研还是社会服务，高校教师在培养人才、推进科学发展和输出科研成果的同时，其知识得以丰富，能力得以提高，智慧得以长进，自己得以充实与发展。例如，通过科研，他们在与同事合作中共同提高；通过教学，他们在与学生合作中实现教学相长；通过与同事的相互切磋，他们的教学水平得以提高……这使他们可以从科研新手成长为学问家，成为学术大师，也可以从教学新手成长为专家型教师，成为教学名师。因此，高校教师对学校的向心力更强，更愿意留在高校贡献自己的力量。

3. 组织结构

组织结构是组织内部纵向各层次工作群体、横向各个部门的设置及关系的总和。组织结构设计规定了组织内各成员的工作职责与各部门的工作范畴，直接关系着各部门、各成员间的利益，会对组织成员的心理造成一定影响，从而影响到组织成员对组织的向心力与组织的凝聚力。具体而言，若组织分配的角色正好符合组织成员个体的个性特点，导致组织的角色期望与组织成员的个人需要一致，就会促使组织成员愿意留在组织中贡献自己的力量，从而增强组织成员对组织的向心力。同理，高校作为一个组织，当高校组织结构的设计和岗位或职位的设置符合教师的角色期望，符合教师的个人发展目标，有助于他们实现自我价值并产生愉快情绪，则教师满意学校，对学校就有向心力，学校的凝聚力就强。相反，当组织结构的设计和岗位或职位的设置不符合教师的角色期望，不利于教师实现自我价值时，教师对学校就会失望，学校对他们的吸引力就会降低，高校凝聚力也就无从谈起。

4. 管理制度

制度是解决有序化、规范化的硬约束，离开了制度，事物就会处于纠缠不清、混乱无序的状态，各种矛盾就会不断产生并激烈碰撞，引发各类冲突，冲突使组织的凝聚力下降。因此，制度影响凝聚力。高校的管理制度对高校凝聚力的影响主要表现在：管理制度能够保障学校各项措施顺利实施，淡化教师间因工作任务安排不当、利益分配不均而引发的各种矛盾，保障教师的正当权益，提高教师对学校的满意度，从而增强他们对学校的向心力与学校对他们的吸引力。如果教师管理制度、教师评价或考核制度、教师职称晋升制度，教师薪酬津贴制度、教师培训制度、教师奖惩制度等充分考虑教师的利益，兼顾教师的需要，并且能够始终如一地贯彻执行，则多数教师就会觉得自己的权益有了保障，对学校的满意度就会提高，就有了向心力。否则，就会引发不必要的摩擦，造成教师人际关系紧张，进而严重影响教师间的团结，削弱高校凝聚力。

5. 校园文化

文化可以被定义为凝聚群体的共享思想观、价值观、信仰、期待、态度和规范。

因此，文化本身具有凝聚功能。同理，高校的校园文化对高校教师也具有凝聚功能。鉴于校园文化分为物质文化（即学校环境以及一些文化建设的硬件设施等）、制度文化（包括学校中那些长期形成的校风、校训、校貌、礼仪、习惯、习俗、成文或虽不成文但已约定俗成的制度等）、精神文化（主要指价值观念），高校的校园文化对高校教师的凝聚功能可以从这三方面分析：

首先，校园物质文化对高校教师的凝聚功能表现为学校物质环境通过使教师感到舒畅、安全从而对他们产生吸引力和凝聚力。校园物质环境是校园文化的物质性载体，是校园文化赖以产生、发展的基础和骨架。完善的建筑设施、优美的校园环境，会使生活于其中的校园人情绪稳定、心境平和。心理学研究发现，稳定的情绪、良好的心境会促进人主观能动性的发挥，增强人的工作动力与热情，从而增强人对所处组织的向心力。因此，具有一定文化色彩和教育意识的物质环境，能使学校各种物化的东西都体现出学校的个性和精神，从而能激发教师的集体荣誉感，给他们愉悦的文化享受和催人奋发向上的感觉，让他们更愿意、更安心地为了学校的共同目标而努力，增强他们对学校的向心力。①

其次，校园制度文化对高校教师的凝聚功能表现为高校通过校风、校训、规范、礼仪等将学校所倡导的价值观念、行为准则，以启迪、熏陶、感化和塑造等方式，引导和规范教师的思想行为，使不符合校园制度文化要求的心理和行为感受到无形的压力，对不良的心理倾向和行为具有抵御作用，有利于形成教师集体心理相容的状态，让教师能更加安心地在和谐、融洽的氛围中工作，从而增强教师间的吸引力。

最后，校园精神文化对高校教师的凝聚功能主要表现为它能借助精神纽带吸引和团结校内所有教师，并唤起和激发每位教师对学校的真挚感情而把他们紧密地联系在一起，能在校园内建立起高度和谐、信任、友爱、理解、互尊的群体关系。这种群体关系有利于排斥任何有悖于校园精神的离心情趣，形成教师群体共同拥有的责任意识、集体意识，从而促使每一教师个体融入学校集体之中，产生归属感、责任感、优越感，增强教师对学校的向心力。

6. 管理者

高校管理者对高校凝聚力的影响主要表现在两个方面：

其一，高校管理者自身魅力会影响高校凝聚力。孔子曾说过："其身正，不令而行，其身不正，虽令不从。"管理者对群体成员的影响力可分为法定性影响力和威望性影响力，威望性影响力以管理者的品格、能力、知识和情感等个性因素为基础。研究表明，具有魅力的管理者具备自信、远见及清楚表达目标的能力，对目标的坚定信念、不循规蹈矩的行为、环境敏感性、创新等关键特征。显然，如果学校管理者具有高尚

---

① 郭庆义. 新建民族本科院校学科建设探析 [M]. 成都：西南交通大学出版社，2019.

的品德、渊博的学识、出众的专长，并以身作则关爱下属、平易近人，那么，他们就会对教师产生自然感召力，就会赢得教师的拥护和爱戴，使教师自愿服从其管理，并改变与管理者意旨不一致的行为，形成一个核心，产生很高的群体士气，进而使学校对教师产生很强的吸引力。反之，则会使教师怨声载道，大大削弱群体的士气，促使教师凝聚力下降，给学校工作造成相当大的损失。

其二，高校管理者采取的管理或领导方式会影响高校凝聚力。根据美国社会心理学家李克特的四种领导方式理论即剥削集权领导方式、仁慈集权领导方式、协商民主领导方式、参与民主领导方式理论，剥削集权领导方式和仁慈集权领导方式的管理者采用的是恫吓和威胁，上下级之间的联系极少，会使成员抵触工作和管理，引发冲突，不利于组织的团结。协商民主领导方式与参与民主领导方式的管理者容易得到成员的支持，发挥他们的才干，增进组织的团结。可见高校管理者对领导方式的选择会直接影响教师的心理：选择集权领导方式会束缚教师的积极性，使他们对学校产生消极情绪，减弱了学校对他们的吸引力，学校的凝聚力也会因此降低；选择民主领导方式会有助于提高教师工作的积极性，发挥他们的主动性，增强他们对学校的向心力，学校的凝聚力也会随之提高。

7. 人际关系

前面指出，高校凝聚力的一个表现是教师之间（包括教师与管理者之间、师生之间）的相互吸引力或接纳程度。这种吸引力或接纳程度是以和谐、融洽的人际关系为基础的。所谓人际关系是指人们在社会活动过程中所形成的建立在情感基础上的相互联系。和谐、融洽的人际关系能够为教师提供相互理解、相互信任、相互帮助的组织环境，提高教师的工作满足感，对高校凝聚力有直接影响。例如，若高校有和谐、友善、融洽、良好的人际交往环境，管理者平易近人，认真听取下级的意见，帮助教师解决困难，鼓励、支持教师发展；教师与教师之间关系融洽，相互关心和帮助，共同完成培养人才、科学研究和服务社会的任务；教师和学生之间关系融洽，教师热爱学生，学生尊敬老师，在教学和研究中实现学术发展和专业成长。那么，这种和谐、友善、融洽、良好的人际关系，会使教师心情舒畅，增强学校对教师的吸引力和教师对学校的向心力以及教师之间的相互吸引力，进而增强高校凝聚力。反之，不良的人际关系会引起教师的烦恼、压抑和紧张，挫伤他们工作的积极性与热情，严重影响高校凝聚力。

第二节　增强高校凝聚力的对策

尽管增加高校凝聚力不能忽视外部因素的改善，但更重要的是改善内部因素，因此，结合前面的内容，本节主要从影响高校凝聚力的内部因素入手，探讨增强高校凝聚力的对策。

一、设置共同目标和丰富工作特征

（一）设置共同目标

目标是指个体和群体期望经过一定的努力而达到的结果。组织行为学指出，群体凝聚力受群体目标和个人目标相容程度的影响，群体目标和个人目标相容即有共同目标。这就是说，共同目标具有凝聚教师的功能。为此，要增强高校凝聚力，学校必须设置共同目标。一方面，设置共同目标应该立足本校实际。根据心理学的动机激励理论，人的动机是由他所体验的某种需要或未达到的目标引起的。如果设置的目标是难以达到的，人们就会丧失信心，就不会为实现目标而努力，目标也就失去了激励的作用。因此，高校设置目标应该遵循从实际出发、实事求是的原则，在仔细分析高校现有条件的基础上，根据学校的条件和长远发展规划，设置出切实可行的，既具有挑战性又能够达到的目标。这样的目标才能使教师看到学校的发展前景，对个人的未来发展充满信心，从而增强他们对学校的向心力。另一方面，设置共同目标应该让教师参与。在设置目标时，高校应该发挥广大教师的参与作用，仔细倾听教师的意见，从而促使教师对目标产生认同感，产生积极的目标承诺，有达到目标并为之努力的决心，并使他们在工作中遇到矛盾时，自觉地从学校整体发展出发，服从大局利益，缓和矛盾或冲突，培养协作精神与互助精神，促进良好、融洽人际关系的形成，增强他们对学校的向心力。再一方面，设置目标后，要加强宣传，让全体教师知晓。学校管理者可通过会议、宣传栏、校园网络、内部刊物等渠道，将学校的共同目标公之于众，使教师了解学校的目标，明确自己的职责，消除其盲目感，从而有利于增强学校对他们的吸引力。

（二）丰富工作特征

工作本身是影响员工满意度的因素之一，丰富工作特征即增加工作中技能的多样性、任务的一致性、意义性、自主性和工作的反馈性，使员工满意和热爱工作，因此，高校应该通过丰富工作特征来增强学校的凝聚力。由于高校教师工作特征的丰富主要在于提升工作的重要性、自由探索性与成长发展性，因此，丰富工作特征应该做到：第一，要让教师看到自己工作的意义和价值。学校可通过开展各种形式的活动与宣传，让教师看到自己的职业价值，让其对自己所从事的职业产生自豪感，要让他们承担有一定挑战性的工作，使他们在探索中感觉到工作的意义。第二，要给他们提供学术探索的自由。相对于其他社会组织，高校的最大特点是学术性，因此要合理地安排教师的工作任务，留给他们自由支配的时间，让他们根据自己的专长和兴趣进行科学研究，使他们能够充分发挥自己的潜能和创造性，提升他们的工作自主感和成就感。第三，要建立适合教师发展的软环境。学校要进一步建立面向教师的多层次、系统化的人才培养机制和培养计划，对教师有目的、有计划、有组织地培养，要分配给教师具有挑战性的任务，并为他们高质量地完成任务创造条件，提供帮助，鼓励和支持学习，让他们在履行工作义务的同时，进一步丰富知识，提高能力，实现专业成长与发展。第四，要增加教师工作任务的相互依存性。任务的相互依存性可以是共享的、相继的和互惠的，学校要通过让教师一起承担、协作完成工作任务，共同为学校贡献以及奖励教师集体等方式，促使教师相互关心与合作，增加教师之间的吸引力。第五，要增加工作成功的机会。如果个体在工作中取得了成功，那么个体就会有成就感和自豪感，就会被这项工作所吸引。如果群体一贯有成功的表现，就容易吸引和团结群体成员，群体就对成员有吸引力，就会把群体成员凝聚在一起。因此，要增加工作成功的机会，让教师在工作中取得成功，并通过教师个体工作的成功，实现学校目标，成为高成效的学校。

二、设计合理的组织结构

在前面关于高校组织结构影响高校凝聚力的论述中，已经分析了高校组织结构对高校凝聚力的影响。根据前面的论述，我们认为，提高高校凝聚力必须合理设计组织结构，提高教师的工作满意度，激发他们的工作热情，提升他们对学校的向心力。

（一）设计扁平化组织结构

当下组织结构的变革趋势是管理跨度的减小（减少中间管理层）和管理幅度的加大（增加被管理对象），这就要求构建扁平化组织结构。高校要避免科层式组织结构所带来的弊端，也必须构建扁平化组织结构。所谓扁平化组织结构，是指一种通过减少管理层次，压缩职能机构，裁减人员，使组织的决策层和操作层之间的中间管理层减少，以便使组织最大可能地将决策权延至执行层，从而为提高组织效率而建立起来的一种紧凑而富有弹性的新型组织结构。高校构建这种组织结构能够减少信息传递的环节，更好地促进教师与管理者之间的信息沟通与情感交流，即使管理者能及时掌握教师的心理，也使教师感受到管理者对他们的关心、尊重，融洽管理者与教师间的关系，进而提高学校和管理者对教师的吸引力，增强高校的凝聚力。构建扁平化组织结构要做到：在机构设置上，实行精兵简政，裁减不必要的机构，避免机构的重叠与膨胀；在人员配备上，严格控制数量，挑选精干人员组成管理队伍，剔除那些"在其位不谋其政"的懒散人员；在管理工作操作上，简化管理程序，减少不必要的管理活动，让教师能专注于自己的本职工作，避免受到过多行政命令的干扰。

（二）设计学术权力与行政权力的矩阵结构

高等学校是"做学问"的地方，知识是高校运转的轴心，学术活动是高校最基本的活动，学术性是高校的根本属性。由此，在高校组织结构设计中必然要考虑学术权力。另一方面，高校规模的扩大，使得各构成部分之间的沟通和联系成为非常庞杂的工作，对管理的需求加大，管理人员增多，管理部门逐渐与学术部门相提并论，并大有压倒之势。也就是说，高校不是一般的学者团体，而是一个组织化了的社会单位，是一个正式社会组织，因此，需要有行政权力来管理学校的日常活动。学术将大学的教师和学生联系起来，其组织文化是专业文化，用专业手段进行教学，用专业标准组织知识和评价学生成就；管理部门将专业世界与外部世界联系在一起，其组织文化是管理文化，突出对工作业绩的追逐和行动导向。高校这种学术性和社会组织性的双重特性决定了在高校组织结构中学术权力与行政权力共生、相互协调和配合的必要。要有效实现学术权力与行政权力共生、相互协调和配合，必须设计学术权力与行政权力制衡的结构。首先，要协调学术权力与行政权力。建立健全学术组织，如学术委员会、学位委员会、专业与课程建设委员会、人事委员会等，扭转过去单纯依靠行政权力对校务进行管理决策的现象，把学术权力还给教师，学术问题尽可能地交给作为学术人员的教师解决，让他们看到自己的作用，参与学校管理。其次，要建立和健全校务委员会、学术委员会制度。进一步落实《高等教育法》，建立健全学术委员会制度，明确学术委员会的职责与权限，确保教师参与学术事务决策的权力落到实处。最后，要树立行政权力为学术权力服务的意识，充分尊重教师，调动他们参与决策的积极性，让他们实现自己的价值，增强他们对学校的向心力。

三、建立科学的管理制度

在之前的分析中，我们已经知道高校的管理制度对于高校凝聚力影响很大，高校教师对于教师薪酬制度、教师职称晋升制度、考核制度存在不满，因此，学校管理者应该对此重视，加强这三方面的制度建设。

（一）建立合理的薪酬制度

美国心理学教授劳勒和波特在他们著名的波特——劳勒激励模式中指出，一个人的满意感取决于其所获报酬同个人自认为应获报酬的一致性，如前者大于或等于后者，会提高个人满意感，反之则会降低个人满意感。因此，高校要通过建立合理的薪酬制度来提高教师的满意感与凝聚力，具体要做到以下几点：其一，大幅度提高高校教师的收入水平。根据薪酬理论专家在充分论证教师职业特点、工作压力和负荷情况的基础上，得出的高校教师整体薪酬水平在各行业中应中等偏上的结论，高校应在国家允许的政策内，大幅度提高教师的收入水平，使他们的收入处于中等以上水平。其二，实现教师薪酬与业绩挂钩。根据期望理论，学校要为每个教师设置能够达到的业绩要求和应得的报酬，在效率优先、兼顾公平的前提下，使教师的业绩与薪酬直接挂钩，特别要确保对教师的业绩要求与教师渴望获得的工作报酬直接挂钩，克服薪酬分配上的平均主义、"大锅饭"，使教师产生对薪酬分配的公平感，提升他们对薪酬分配的满意度，进而增强学校凝聚力，调动他们的工作积极性。其三，高校薪酬要充分考虑学科差异和学术工作的不同特性。根据教学和科研绩效确定薪酬时必须考虑学科、院系差异，如不同的学科发表论文难度不同，像化学、生物等学科发表论文较容易，但数学学科发表论文则较难，人文社会科学和自然科学发表论文的难度也不完全相同，根据发表论文确定薪酬时就必须承认学科差异。同样，基础学科、应用学科教学，科研的产出和价值是不同的，薪酬分配也要考虑这种差异，使薪酬能真正反映其劳动成果与价值，提高其工作满意度，调动其工作积极性。[1]

（二）建立双梯阶职称晋升制度

在现行的高校晋升制度中，与管理人员相比，作为专业技术人员的教师无论是在晋升梯阶的长度、宽度还是晋升速度上均存在着明显的不平等，因此，高校要增强凝聚力，就应该建立双梯阶晋升制度。双梯阶制度也叫双重职业路径，它是为了给高校中的专业技术人员提供与管理人员平等的地位、报酬和更多的职业发展机会而设计的职业生涯路径系统和职务晋升激励制度，其特点是：（1）形成两条平行的晋升梯阶。其中一条是管理梯阶，即管理职业生涯路径；另一条是技术梯阶，即技术职业生涯路径。（2）两条晋升梯阶具有平等性。在两条晋升梯阶的平行层级结构中，相同级别的人员具有同样的地位、报酬和奖励。这就使得走专业技术梯阶的人员能与管理人员享有平等的发展机会和发展层级。（3）技术梯阶是一种"Y"型梯阶，允许专业技术人员自行决定其职业发展方向，他们可以继续沿着专业技术梯阶发展，也可以转入管理梯阶发展。这种制度的建立为教师的发展提供了与管理人员同等的晋升机会，满足了他们成长的需求，使他们对学校的满意度提升，从而增强他们对学校的向心力。

（三）建立公平的评价考核制度

在对评价、考核制度所存在问题的分析中，已经明确指出，考核标准不合理和评价有失公正是高校现存考评制度存在的主要问题，因此，要提高教师对学校的满意度，增强他们对学校的向心力，就应该建立公平考评制度。首先，设置客观、明确的考评标准。要在教师中进行充分的调查研究，在对考评对象的工作性质、工作特点、工作内容深刻认识的基础上，按照学校对教师目标管理的要求，设置考评标准，特别是为

---

① 叶向红. 绿色教育理念下学校文化建设的思与行 [M]. 北京：知识产权出版社，2019.

教师确定的工作考评标准与业绩要求应该是教师通过努力可以达到的。其次，选择科学、合理的考评方法。教师考评既要正视、考虑教师工作性质、任务和岗位的不同，制定多样化的考评指标；又要承认教师本身的差异性，制定灵活性的考评指标，避免用整齐、统一、僵化的考评指标考评教师，使每位教师都得到公正的评价，提高其对考评的满意度。最后，坚持考评的公平、公正性。20世纪60年代亚当斯提出了公平理论，指出人们在感觉不公平时的反应是忍耐、要求赔偿、报复、合理化和退缩。根据程序公正理论，教师不仅追求考评结果的公正，而且追求程序与步骤的公正，并且程序公正会提升教师的满意度、工作积极性和工作绩效。可见，高校教师感受到的考评的公平、公正性会直接影响其对学校的满意程度和向心力。因此，高校考评要坚持公平、公正性，遵循"金鱼缸"法则。"金鱼缸"法则是指金鱼缸是玻璃做的，透明度很高，不论从哪个角度观察，里面的情况都一清二楚，在教师考评中这样做，可以提高考评的透明度，做到公正、合理、客观地考评教师。

四、构建优美、舒适和积极向上的校园文化

（一）构建优美，舒适的校园物质环境

环境心理学研究表明，外部环境会对人的行为产生影响。工作的物理环境是工作满意度的重要因素。研究证实，员工对工作场所的物理环境——温度、湿度、噪声、安全等满意与否，会影响其工作满意度。因此，要使教师对学校生活满意，产生舒适感，表现出有利于学校的行为，提高学校的凝聚力，就应该建设优美、舒适的校园物质环境。首先，要合理设计校园布局。校园布局要依托原有的自然环境，如山坡、河流、丛林等，在布局上兼容各种功能场所，如休息、娱乐的场所、供人静思的场所、群体活动的场所、个人独处的场所……做到布局合理，功能分区适当，自然环境和人文环境和谐。其次，要合理规划校园绿化环境。要充分利用美学知识，在绿化布局上做到点、线、面结合，平面立体结合；开展乔、灌、地被植物和草坪相结合的立体绿化，加强垂直绿化、室内绿化、屋顶绿化等绿化薄弱环节的建设，对校内道路、活动场所以及绿化区进行统一规划，力求使校园环境"春有花、夏有荫、秋有果、冬有绿"。

（二）构建人文关怀的制度文化环境

人是有感情的，也有强烈的情感需要。群体对每位成员的亲切关心，将会增强群体成员的向心力。因此，增强高校的凝聚力，校园制度文化建设必须坚持以人为本，实现人文关怀。生活上，要在政策允许范围内，积极建立教师生活保障制度，帮助教师解决好子女上学、就业、就医、住房等实际困难，消除他们的后顾之忧，使他们全

身心地投入学校的工作。工作中，要充分关照教师，创建合理的用人制度，让教师都有最适合的工作任务，并能最大限度地发挥自己的智慧和潜能。成长发展上，既要为教师专业或学术发展创造条件，又要为有管理才能并愿意参与管理的教师创造条件，完善干部考察、考核制度，营造公平、公开、公正、竞争、择优的氛围，让教师进入管理层，参与学校管理。

（三）构建积极向上的校园精神文化环境

校园精神文化是校园文化的灵魂和核心，也是校园文化的最高层次，是形成物质文化和制度文化的基础。因此，无论是校园物质环境建设还是制度文化环境建设都应该将校园的精神文化融入其中，让教师们时刻感受到校园精神，从而对他们的心理产生影响，增强他们对学校的向心力。具体可从以下几方面入手：首先，学校管理者要树立正确的观念，要认识到校园的物质文化与制度文化最终都要反映校园的精神内涵，因此，校园的物质环境建设与制度文化环境建设应该体现校园精神。其次，选择正确的校园价值观。选择校园价值观要立足于本校的特点和实际，体现学校的办学宗旨、管理战略和发展方向，发挥教师的参与积极性，广泛听取教师的意见，经过自上而下和自下而上的多次反复，审慎筛选出既符合本校特色又反映教师心声的校园价值观。再次，树立正确的舆论导向。无论是在宣传教育、理论研究，还是在制定政策的过程中，都要充分体现、发扬、激励催人向上，健康而富有生机的精神，既应利用校园内的各种传播媒介和宣传工具，大力宣传学校的价值目标和行为准则，伸张正义，抑制歪风；又要对自发的舆论做出理智的审视，合理的予以支持，不合理的予以引导。最后，发挥学校领导的榜样作用。学校的各级领导是学校精神的集中体现者。要有效地培育学校精神，就要发挥领导的榜样作用，领导应该是学校文化和精神的楷模，率先实践学校精神，以身作则，用自己的模范行为对教师产生潜移默化的影响。

五、提升管理者魅力和运用恰当的管理方式

（一）提升管理者魅力

魅力性领导者是受员工喜爱并能带来更理想管理效果的领导者，高校管理者要提高自己对教师的影响力和吸引力，就应该通过强化自己的威望性或自然性影响力，即完善品格、丰富知识、培养能力、运用情感等来提升自身的魅力，以魅力来凝聚人心。一方面，以"德"树"威"。管理者不能"正己"，就很难"正人"。因此，管理者要自觉加强德的修养，完善品格，正确对待和使用手中的权力，树立公仆意识、服务意识。要树立正确的权力观，认识到权力是用来为学校谋利益，绝不能把权力私有化、

商品化，更不可谋个人私利。特别是在职称晋升、报酬分配、各类评奖等事项中，更要严格自律。要树立"领导就是服务"的思想，深怀为民之心，恪守为民之责，善思为民之策，大兴为民之举，举办利民之事，以带领全体职工兴学校、谋发展为己任，忠于职守，求真务实，埋头苦干，无私奉献。要对教师一视同仁，不分亲疏，公正地对待每位教师。另一方面，拥有较高的学识与才华。知识和才华是形成凝聚力的客观基础。学校是知识分子云集的场所，知识分子最佩服的是有学识和才华的人。作为管理者只有具有广博的知识和卓越的管理才能及其他特长，才能赢得作为知识分子的教师的承认和钦佩。这就要求管理者不断加强学习，既要学习文化科学知识，精通专业技术；又要学理论，提高政策理论水平，做到讲党性、懂政策；还要学管理，掌握丰富全面的管理知识，提高经营管理水平，具备高超的管理能力。再一方面，以情感人。人是有感情的，教师的情感需要特别强烈，因而管理者要通过对教师的情感关怀，使教师感受到温暖和亲切，产生相互吸引力，凝聚在一起。

（二）运用恰当的管理方式

知识型员工排在前五位的激励因素是工资报酬与奖励、个人成长与发展、有挑战性的工作、组织的前途、工作保障和稳定，作为知识型员工的高校教师，自然具有类似的特点，这就要求高校管理者采取恰当管理方式。首先，要运用参与管理。参与管理是员工自我实现的需要，可以提供工作的内在奖赏，提高员工的工作满足度，因而被认为是提高士气和生产效率的灵丹妙药。同时，高校是教师和学者集中的地方，在很大程度上等同于教师。据此，高校要调动教师的主观能动性，激发教师的潜能，使教师充分显示自己的才能和智慧，提高教师对学校的满意度，增强学校对教师的吸引力，就应该坚持教师参与管理。领导者在决定涉及学校发展和教师利益的重大事项，如办学目标、学科发展、专业建设和教师职称晋升、考核、薪酬分配时，应该要广泛征求教师的意见，让他们参与讨论，一起决策。其次，要运用人本管理。根据梅约的社会人理论，人不仅有物质需要，更有社会心理需要，管理者不应只注意工作、完成工作任务，而应把重点放在关心人，满足人的社会心理需要上。美国俄亥俄州立大学斯托尔区分了关心人和抓工作两种管理方式，密歇根大学的研究表明，员工取向即关心人的领导方式较生产取向即抓工作的领导方式会给员工带来更高的满足度和绩效。但是在现有的管理中，管理者往往重视抓工作而疏于关心人，在高校管理中也存在这种问题。因此，高校要运用人本管理。所谓人本管理就是指通过不只看重工作、更要关注关心教师实现管理，也就是管理者不应该只注重工作目标的实现和工作任务的完成，而要关注教师的社会心理需要，关注教师的情感，通过与教师情感上的沟通和交流，建立良好的人际关系，使教师产生愉悦的情绪，从而心情舒畅地工作，提高工作效率，完成工作任务。运用人本管理还要根据教师的工作成熟度（知识、能力、经验）和心理成熟度（工作动机、意愿、责任感），采用适合的管理方式，既提高教师的心理成熟度，又提高他们的工作成熟度，使他们体验到成功时的满足感，热爱学校，献身教育事业。

六、形成融洽的人际关系

（一）形成教师与管理者之间融洽的人际关系

一方面，管理者必须树立牢固的服务意识，平等待人，绝不可高高在上，盛气凌人。要一身正气，公正处事，绝不可持双重标准。要敢于负责，对下属的过错自己也要主动承担领导责任，绝不可以推过揽功。要发挥榜样作用，处处以身作则，严于律己。另一方面，作为被管理者的教师必须正确地对待管理者，服从和支持管理者的工作。要打破"完人"观念。对管理者要有适度、合理的期望值，对管理者在工作中出现的缺点和失误，要真心实意地帮助，抱着对工作负责、与人为善的态度予以指出。遇到困难和挫折时，应从大局着眼，放宽气量，讲究分寸，不要故意为难管理者，要学会说服管理者。再一方面，管理者和教师必须积极主动地沟通。对话或沟通虽是人类生存的一种方式，但已经成了现代社会人类"缺失的技能"，高校教师与管理者沟通少甚至不沟通的问题也十分突出。鉴于沟通可以有效增进管理者和被管理者的了解和情感交流，协调彼此的关系，消除被管理者的怨气或不满，学校要营造良好的沟通氛围与建立畅通的沟通渠道，让管理者和教师直接沟通；作为管理者，必须拥有大度的胸怀，听得进意见；作为教师，要有勇于说实话的勇气，克服畏惧心理，积极主动地与管理者进行交流。通过沟通，管理者和教师成为朋友和知己，合作协调，共同为学校发展做贡献。

（二）形成教师之间融洽的人际关系

教师之间的关系处理得好，不仅有助于教师自身的发展，而且还有助于高校凝聚力的提高。教师之间形成和谐、融洽的人际关系，首先要互相尊重。教师既要尊重与自己感情较好、观点相近的同事，也要尊重与自己联系较少、观点相左的同事。要抱着虚心的态度，从学校发展目标出发，求大同，讲究群体意识，互相尊重，团结合作。其次要摒弃"文人相轻"的思想。教师既要正确评价自己，也要全面、客观评价他人，要注意克服自傲、妒忌的心态。当发生矛盾冲突时，要宽容大度、虚怀若谷。最后，要互相主动交流。人的感情是在多次的交往、交流中培养出来的。教师间经常交流有利于彼此之间形成共同的认识，有利于让彼此之间感受到对方的关怀，从而有利于拉近教师之间的距离，形成融洽的人际关系。[①]

---

① 吴春莺. 新时代高校思想政治理论课教师队伍建设研究 [M]. 南京：江苏人民出版社，2020.

（三）形成教师与学生之间融洽的人际关系

一方面，形成教师与学生之间融洽的人际关系需要教师的努力。教师应该尊重学生、热爱学生、关心学生。尊重学生就是要尊重学生的自尊心，尊重学生的人格，尊重学生的个性、尊重学生的选择以及尊重学生的创造性。热爱学生、关心学生，就是要主动积极地去了解学生，努力做学生的知心朋友，克服对学生的偏见，以发展的眼光看待学生。教师应该敢于承认错误，以理服人、取信于人，做学生的表率。另一方面，形成教师与学生之间融洽的人际关系需要学生的努力。学生应该尊重教师，尊重教师的劳动，服从教师的管理。再一方面，形成教师与学生之间融洽的人际关系需要教师与学生的相互理解。师生双方应努力从对方的角度，设身处地地体会对方的情感、态度和需要，消除矛盾与冲突，注重合作与协调，相互关心，共同提高，增强彼此的吸引力。

第八章

新时代背景下高校教师发展环境

第一节　确立教师的主导地位

"师者，所以传道授业解惑也。"现代高校教学实践表明，在确认学生主体地位的同时，必须牢固确立教师的主导地位。这种主导地位通过两个方面得以体现。一方面是就学生而言，老师处于教学上的主导地位，这种"主导"，就是根据高等教育发展规律和人才成长规律，充分发挥教师在课堂教学、课外实践、道德教育、人格培养等方面的主动性和先导性，通过言传身教实现立德树人的工作目标。另一方面是就学校而言，教师处于学术上的主导地位。承认教师在学校的主导地位，就是承认学术在学校的主导地位，教师地位和学术地位互为表里。在一个行政地位远远高于学术地位的高校，教师的主导地位是不可能存在的。承认教师的主导地位就应当彻底打破高校行政权力泛化、学术权力弱化的权力格局，真正把教师作为学校发展最根本的力量来看待，承认教学科研在高校各项工作中的绝对重要性。具体来说，确立教师在高校中的主导地位，必须牢固树立三种意识。

一、牢固确立尊重劳动、尊重知识、尊重人才的思想意识

尊重劳动、尊重知识、尊重人才、尊重创造，是中国共产党治国理政的重大方针。高校是劳动的课堂、知识的海洋、人才的摇篮，也是创造的滥觞，应当在广大教职员工中广泛树立尊重劳动、尊重知识、尊重人才和尊重创造的思想观念。思想是行动的先导，只有将四个"尊重"的意识入脑入心，才能形成落实"四个尊重"的行动自觉。地方本科院校教师，集劳动、知识、人才和创造于一身：他们的课堂教学和学术研究是最有价值的脑力劳动，直接关系到人才培养的质量和经济社会发展的科技含量；他们是知识的拥有者和传授者，是传播文明、传承文化的重要使者；他们是"人才"

的代名词，高校是人才汇集之地，教师占社会人才总量的三分之二以上；他们还是科技成果的主要创造者，很多发明专利和实用技术成果都出自教师之手。在地方本科院校，教师就是劳动、知识、人才和创造的集大成者，他们的劳动和创造事关国家的发展和民族的兴旺，要把党治国理政的战略方针落到实处，就应当以一种高远的情怀，把教师作为学校最宝贵的财富和最重要的资源来尊重和开发。对教师的尊重不能挂在口头上，贴在墙壁上，写在报告上，而应当体现在高校顶层设计上，体现在激励机制、政治荣誉和制度管理上。通过实实在在的行动营造尊重劳动、尊重知识、尊重人才和尊重创造的良好氛围。

二、牢固树立崇尚教师职业的理念

从教师的职业内涵看，教师承担着立德树人、为中华民族伟大复兴培养优秀接班人和建设者的神圣使命，直接关系到国家强盛和科技发展，关系到社会进步和民众教化，关系到文明传承和文化繁荣。从教师的职业特点看，教师是燃烧自己照亮别人的"蜡烛"，用最无私的情怀把个人的精力和智慧奉献社会和祖国的人，他们默默无闻、乐于付出，他们勤于学习、勇于探索。教师的职业内涵和特点决定了教师地位的高尚。"国将兴，必贵师而重傅。"（《荀子·大略》）中国历史上的繁荣兴旺都是与尊师重教相伴而生的。在建设中国特色社会主义的新时代，党和国家出台了一系列关心教师成长、提升教师地位的方针政策。但在社会价值更趋多元的今天，社会上有少数人基于对知识和文化的轻视而产生对教师职业的蔑视。余风所及，一部分高校教师也缺乏相应的职业自信和职业幸福感。地方本科院校应当用事实和行动维护教师是"太阳底下最光辉的职业"的称誉，大力弘扬尊师重教的光荣传统，努力让教师职业不仅为人们所称道，更为人们所向往，成为最受社会尊重的职业。一方面引导教师深化职业光荣和使命重要的认识，自觉增强立德树人、教书育人的荣誉感和责任感，牢固树立中国特色社会主义理想信念，服务地方经济社会发展，展现胸怀祖国、热爱人民，学为人师、行为世范，默默耕耘、无私奉献的高尚情操。另一方面要千方百计提高教师的经济待遇和政治地位，为教师的事业发展提供宽阔的平台和优质的服务。同时大力推介教书育人的先进典型，广泛宣传他们默默耕耘、无私奉献的感人事迹，着力营造尊师重教的良好风尚，形成关心教师、爱护教师、崇尚教师的良好氛围，从而把广大教师的积极性、主动性、创造性更好地发挥出来，更好地推动高等教育事业发展。[①]

① 李臻. 新时代高校教师胜任力研究 新时代高校教师师德师能双提升发展机制研究［M］. 北京：旅游教育出版社，2020.

三、牢固树立以教学为核心的意识

电视连续剧《人民的名义》中有一个镜头：一名大学教师在相亲时多次提到高校行政岗位的"含权量"，很明白地表露出对行政权力的羡慕和对教学工作的轻视。有这种意识的高校职员绝非少数，这从一个侧面反映出当前高校存在一种"重行政轻教学"的不良现象。在一些人眼里，一个行政职务的"含权量"，就是掌握高校资源的关键，含权量越大，掌握的资源就越多，就越有可能获得更多更好的职称、荣誉和实惠。而普通教师只能通过不辞劳苦的教学和科研成果的积累来争取职称、荣誉和经济待遇等稀缺资源。教师在学校所受到的尊重、所享受的物质待遇、所拥有的话语权，常常处于学校的较低层面。这种现象已经严重制约地方本科院校的办学水平和发展质量。大学是培养人才的园地，是传授知识、传承文明的场所，教学工作是大学的中心工作，是高校一切工作的核心，其他工作都要服务和服从于教学工作。相应地，从事教学工作的教师是高校最重要的群体，大学教师地位的高低决定着教学质量的高低，直接影响到人才培养质量的高低。地方本科院校要牢固树立一切围绕教学转的意识，主动探索高校去行政化的工作路径，防止重行政轻教学，把学校工作着力点集中到强化教学环节、提高教育质量上来，以制度保障教学的中心地位，以政策激发教师的从教动力，使以教学为主的教师有盼头，有劲头，有甜头，使广大教师喜教、爱教、乐教，致力于追求教学上的创新和学术上的卓越。

第二节　优化教师发展的环境

教师事业发展、职业幸福都直接受环境的影响和制约。古人说"时势造英雄"，"时势"就是环境，是时代的大环境。地方本科院校也是环境，是教师学习、工作、生活的环境。学校既是相对独立于社会的小环境，又受社会和时代大环境的影响，也影响着时代和社会大环境。营造好的环境可以最大限度地激发教师的内在潜力，确保教师专注于自己的事业而不受外界干扰，能够让教师在愉悦、宽松和舒畅的氛围中做自己的事情，能够充分得到他人的支持、理解和包容。环境不好则会让教师有才无处用，有劲无处使，干事创业处处受到掣肘。个性特长得不到发挥，专业能力得不到重视。成功之时遭人嫉妒中伤，失败之时遭人落井下石。所以好的环境能成就人，差的环境会毁灭人。处于转型发展时期的地方本科院校，一方面教师自身的专业发展期待、价值实现期望和生活质量期待都高于过去，实现这些期待需要比以前更优越的校园环境；另一方面学校正面临多元思想观念和多元价值取向的挑战，校园环境更为复杂，营造有利于教师发展的环境面临的矛盾更加复杂，问题更加集中。地方本科院校应当以更高的站位、更大的力度、更有效的措施，全方位为教师的发展创造良好的环境，让教师的各种理想目标在校园里生根、开花，并结出丰硕果实。

一、营造良好的教学环境

良好的教学环境是培养优秀人才的前提，也是教师成长进步的保证。没有良好的教学环境，就没有师生良性互动的平台；没有有效交流的氛围，也就没有良好的教学效果。良好的教学环境离不开宽敞明亮的教室，也离不开先进的教学设施。但真正决定教学环境优劣的不是硬件设施而是人文精神。当年西南联大在战火中颠沛流离，教学条件并不优越，却培养出一批杰出的时代骄子，成就了一批世界级的大师。诺贝尔奖获得者杨振宁教授可以说是西南联大的骄傲。西南联大的事实证明，良好的教学环境对人才培养十分重要，良好教学环境的形成需要浓郁的人文精神。具体来说，需要抓住三个要点。

一是营造开放的学术氛围。教学是具有高度创造性的劳动，需要较大的自由度和发挥空间，在坚守政治底线的前提下，最大限度给予学术探讨交流的自由空间，允许将新思路、新方法、新观念运用于课堂教学，让不断探究、不断发现、不断创新的科学特性在课堂上得到充分展现；让平等讨论、兼收并蓄、求同存异的人性光辉在课堂中异彩纷呈；让尊重科学、坚持真理、鼓励创造的人文精神在课堂里熠熠生辉。

二是打造高效的课堂样本。课堂应当是教师展示才华、实现抱负的舞台，是能者上庸者下的竞技场，是激扬青春、放飞理想的自由王国。这里可以包容失败但不包容平庸和保守。课堂上既有理性的思考，又有情感的交流，更有个性的飞扬。每一堂课都应当是知识的盛宴、智慧的狂欢，应当时刻闪耀着理论的魅力、真理的光芒。地方本科院校要引导优秀教师回归课堂、聚力讲台，经常让教室人满为患。鼓励青年教师向往课堂，在教学一线摸爬滚打、经受考验，练就炉火纯青的教学艺术，培养爱生重教的人文情怀。

三是拓展教学实践空间。人的个性是多元的，个性的发展是多向的，营造良好的教学环境就是要给个性发展提供宽阔的空间。大学教学不仅要顺应个性发展的规律和要求，让教学过程成为因材施教、因人施策的过程，也要根据个性发展的需要，让教学走出教室、走向社会、走进自然，融入火热的现实生活。教学环境的局促容易导致学生眼界的局促，眼界的局促又产生能力和思维的局促。地方本科院校不应当把教学活动局限在教室里，而是确立开放课堂的理念，以自然和社会为课堂，为在校外实施教学活动提供充分的便利，让学生在这个大课堂里获得个性自由发展的空间，不断增进对社会的了解、对自然的热爱，不断提高实践动手能力，丰富社会阅历见识，为他们走向社会提供更多的就业选择。

二、营造良好的科研环境

科研与教学同为高校的"一体两翼",都是教师的重要职责,打造优良的科研环境,也是营造教师发展环境的应有之义。教师的科研成果,既代表高校的创新水平,又代表高校对经济社会发展的贡献度,对于提高大学的社会美誉度和学术影响力十分重要。而教师科研成果数量的多少和质量的高低,在一定程度上取决于高校科研环境的优劣。当前,在地方本科院校,教研人员心态浮躁,科研经费保障不足,科研项目审批手续烦琐等问题仍然比较突出,亟待破解。

一是尊重科学研究规律。马克思说过,在科学的道路上是没有平坦的道路可走的。在地方本科院校,科学研究需要教师勇于探索、自强不息,也需要得到广泛的支持和理解。要营造学术面前人人平等的科研氛围。在真理面前,只有对错之分,没有高低之差,没有贵贱之别,学术上只崇拜真理不崇拜权威,防止以权压人,以威逼人。要营造宽容失败、不以成败论英雄的氛围。科学研究没有一帆风顺,只有艰难曲折,有时还需要付出生命代价。任何成功都是建立在一系列失败的基础之上的,失败的教训往往比成功的经验更有价值。因此要克服学术研究中的势利心态,珍惜失败,宽宥失败,支持和鼓励从失败中总结教训,从跌倒的地方爬起来的执着精神。要营造"科技是第一生产力"的思想氛围,建立和完善科研成果与教师收入挂钩的利益分享机制,提高科研人员成果转化收益分享比例,让教师凭借自己的聪明才智做科研、出成果,合理合法地富起来,成为社会的中高收入群体,调动教师从事科研的积极性和创造力。①

二是创新科研投入机制。任何科研活动都离不开经费保障。科研经费不足是地方本科院校的"短板"和"硬伤",优化科研环境必须提供必要的经费保障。一方面要用好存量,在全校达成重视科研共识的基础上,提高科研经费在高校总支出中的比例,加强科研经费的整合和管理,提高科研经费的使用效益。另一方面要创新科研经费投入机制,扩大增量。吃透上级的科研政策和扶持重点,积极争取项目经费。特别注重申报和争取国家级重要科研课题和重大科研平台,以课题和平台争取国家科研经费投入,扩大学校科研经费增量。同时,加强横向课题研究,通过与地方政府、企业行业开展联合攻关,瞄准地方经济社会建设前沿需求,加强高校科研与市场对接,在对接中拓宽经费渠道,在对接中实现大胆创新、有效创新,推动科研成果转化,使科研活动更好地服务于经济社会发展。

三是提高科研服务质量。服务质量的高低是检验科研环境优劣的重要尺度,也是影响科研成果数量与质量的重要因素。地方本科院校应当简化科研项目申报、审批和

---

① 陈妙娜,吴婷,陈景阳. 民办高校人力资源管理发展研究与实践 [M]. 北京:企业管理出版社,2020.

结项手续，建立健全科研成果评价体系，更加注重学术评价质量，努力营造公平公开的科研环境，让有志于科研的老师都有获得科研课题的机会。应当净化学术研究氛围，杜绝"官谋学术"的行为，打击学术造假和学术腐败现象，维护学术的尊严和学校的声誉。切实改善科研管理的制度和方法，完善学术休假制度，为教师自主分配教学科研时间提供更多的可能，保障教师必要的从事学术研究的时间与精力，激发教师在学术研究上的主观能动性。

三、营造良好的合作环境

合作是成功和发展的基本方式。科学技术越发达，社会进步越向前，就越需要合作。地方本科院校要实现人才培养、科研创新和服务地方的目标，必须在学校营造浓厚的合作氛围。当下一种常见的现象是，在教学上，每个老师都是独立备课，独立授课，同一专业体系的各课程之间的老师缺乏必要的沟通，只满足于完成自己所授课程的教学内容，而没有揭示相关课程之间的逻辑联系和内容衔接，导致学生获得的知识都是零散的、浅显的，缺乏系统性和连贯性，使学生的学习效果和学习兴趣都受到严重影响。学术研究也多是单打独斗，各自为政，没有形成优势互补、集思广益的团队效应，因而在申报和完成高档次课题上缺乏有效作为。更有甚者，有些老师人为封锁信息，不愿与他人分享信息资源，哪怕这种资源并非自己所需。缺乏合作意识和合作行为，已成为制约地方本科院校科研工作的重要症结。2017 年 4 月，中国教育报在报道天津大学短期内连续在国际顶尖刊物上发表封面文章时，特别指出每篇文章的作者多达几十人，反映出科研成果是集体智慧的结晶。强化教师的合作意识与团队精神，为教师之间开展教学科研项目合作营造浓厚的氛围，提供良好的条件，是地方本科院校应当高度重视和重点突破的工作。

一是营造倡导合作的浓厚氛围。"合则两利，分则两败"，已成为国家之间、单位之间和个人之间发展进步的基本规律。教师之间的合作是一种良性互动，是促进教师成长和学校发展的一种方法和策略。一个事业有成的教师，不仅应具有良好的专业能力，更重要的是应具有团结协作的优良品德。应当把合作意识作为培养培训教师队伍的主要内容和考核教师思想品德的重要标准；应当把合作精神作为校训和校园文化的重要组成部分，贯穿于日常工作和管理之中。通过宣传和推介互相合作的典型及其取得的重要成果，在校园内形成鼓励合作、支持合作、推进合作的良好舆论氛围。

二是营建资源共享的合作文化。当合作由制度层面上升到文化层面之后，崇尚合作、主动合作就会成为大多数老师的价值追求和行为自觉。在合作文化的浸润下，不仅教师的教学科研成果会产生倍增效应，同时也会润物无声地完善教师的职业生活方式，改善其人际关系，提升其生命质量。合作文化强调教师之间的资源共享，以共享实现"一加一大于二"的合作效应。合作文化主张承认差异、包容个性、发挥特长，差异、个性和特长是合作的基础，也是合作的价值所在。合作不应当成为消弭差异、否定个性和特长的借口，而应当成为个性充分张扬、特长充分展示和差异充分互补的契机。地方本科院校应当阐明合作文化的合理内涵，把求同存异、扬长避短、双方共赢作为其核心内涵加以提倡和弘扬。使每一个教师在合作氛围中，找寻生命和个性的本真意义。①

三是构造推进合作的工作机制。制度机制也是一种环境，设置合理、运转通畅、运行高效的合作机制对推进教师之间的合作具有关键作用。地方本科院校应当建立健全推进合作的舆论引导机制，以舆论强化教师的合作意识与意愿。应当建立健全鼓励合作的利益激励机制，在经费安排、成果奖励和评优晋级上向合作攻关的团队倾斜。应当建立健全促进合作的高效服务机制，在改善实验实训条件上、在资源配置和人力调配上，为团队合作提供高效优质的服务，及时协调解决合作过程中出现的各种矛盾和问题。

四、营造良好的人文环境

人文环境对教师的事业发展和生命幸福都有十分重要的意义。每个人都渴望自我价值实现，希望得到社会的认可、尊重、理解和信任，教师作为受过良好教育、具有丰厚文化素养的特殊群体，更注重精神层面上的追求。要满足教师的精神追求，就必须营造优良的人文环境。构建良好的人文环境必须坚持"人本"思想，把"人"作为一切工作的中心，把尊重人、关心人、依靠人和谋求人的全面发展作为学校的重要价值目标。地方本科院校应当从四个方面来塑造良好的人文环境。

一是公平的发展环境。公平是促进教师发展的基础，是最好的阳光雨露。公平的环境能有效激发他们的创业激情，体现他们因自我发展和独立创造而获得的内在尊严与生命价值，让大学校园充满生机活力。地方本科院校应当尽最大努力实现三个均等：首先是每个教师的发展机会均等，在课题申报和访学进修等方面做到一视同仁，防止行政权力和学术权威对发展机遇和发展平台的垄断。其次是资源配置均等，在高等教育资源普遍不足的情况下，实现资源均等配置的阻力和干扰更多，学校应当消除行政职务对资源配置的影响，根据教学科研的质量和分量来分配教育资源。最后是成果共享均等，共享是国家发展理念，也是学校应当坚守的公平原则。每一个教师都能够从精神和物质层面分享学校的发展与进步，享受集体的荣耀和待遇的提高。

二是规范的法制环境。加快高校治理体系建设的一个重要内容就是实现依法行政、依法治校。一个良好的学校法制环境，对于规范教师的教学科研行为，维护教师的合法权益十分重要。建设规范的法制环境，就是要保护知识分子追求学术自由和职业幸

---

① 程敬恭. 高校教师培养研究［M］. 太原：山西人民出版社，2020.

福的权利不受侵害，保护教师的知识产权不受侵犯，保障教师的教学科研权利不被非法剥夺，保障教师的生命财产以及法律赋予人的其他权利不受侵害，让每个教师在法制阳光的照耀下尽情地教书育人、创造创新。

三是和谐的人际环境。高校是个小社会，和谐的人际关系对建设平安校园、增进教师福利、激发创新活力都有重要意义。要倡导文明诚信的人际关系，相互信任、坦诚相处，防止互相戒备、造谣传谣、恶言相向、彼此中伤行为的产生。要倡导守望相助、扶危济困的良好风尚，弘扬同情弱者、乐于助人的优良传统，尽心尽力帮助遇到困难的同事和邻居。要倡导积极进取、乐观向上的校园风气，不以吃喝玩乐为手段来拉近人际关系，而以共同事业的追求来增进相互之间的友谊。

四是宽松的干事环境。适度的压力有助于激发活力，推动工作。但地方本科院校的教师却承载着许多他们难以承受的压力，除了生活上的压力外，还有教学业绩、科研成果、学历提升、职称晋级等方面的压力。这些压力使许多教师经常处于高度紧张、疲于奔命的状态。学校应当帮助他们卸掉思想包袱，营造宽松的工作环境，让他们每天都在轻松愉悦的氛围中干事创业。一方面要突出制度的人性化，使学校的制度设计更加契合人的本性。等级森严、整齐划一的制度安排无疑会加大人与制度的冲突，增加教师的工作压力，只有人性化的管理才能使人更多感到管理过程带来的愉悦而非痛苦。另一方面应当突出管理的自主化，让教师根据工作目标自主制定计划，实施自我控制，实现自我管理，达到自我激励。再一方面就是突出责权的对等化，有责必有权，有权当有责，实现责权、事权的高度统一，防止出现有责无权或责大权小的尴尬局面。

五、营造舒适的生活环境

很多时候，舒适的生活环境是个人生命质量和幸福指数的体现，是人的社会价值和人格尊严的体现。良好的生活环境可以解除老师的后顾之忧，将时间和精力集中于教学和科研上来。地方本科院校应当本着为教师服务的宗旨，切实改善教师的生活条件，以良好的生活环境提升广大教师的归宿感和幸福感。

一是改善基础设施。加大基础设施建设投入，合理规划校园布局，统一校内建筑风格，绿化美化校园环境。改善教师住房条件，争取相关政策，增加专项经费投入，着力解决高校教师的住房难问题，提高教师人均住房面积，保证教师居者有其屋，以安居保障乐业，让教师体面地生活和工作。应当加大配套设施和场馆建设，让不同年龄段的教师都有合适的锻炼休闲的场地和设施，让拥有不同爱好的教师都能找到自己喜欢的健康生活方式。

二是提高经济待遇。地方本科院校应当把提高教师特别是青年教师的经济收入作为大事来抓，确保教师收入的增长幅度不低于或略高于物价增长的幅度。要从地方高校体制改革入手，呼吁政府相关部门高度重视教师的生活待遇问题，进一步提高教师薪酬待遇。探索建立以学术评价体系为准绳、以公平竞争为导向的职称评审机制和收入分配制度，在坚持效率优先的同时，兼顾公平。对因各种原因导致家庭经济困难的教师，要完善救助帮扶机制，实现全体教师全面小康的战略目标。

三是提升安全系数。安全是教师舒适生活环境的基础。加大地方本科院校人防、物防、技防力度，切实加强校园的安全保卫工作，把学校打造成平安绿洲。科学确定老师的工作任务和目标，防止教师过度劳累。加强对教师常规体检和心理健康指导，加强老师的心理疏导，引导教师积极参加体育锻炼，让教师练就强健体魄，保持身心健康。打造校园教师之家，营造温馨的校园情调，让教师以校为家，爱校如家。

第三节　维护教师发展的长效机制

师道兴，则国家兴。营造良好的教师发展环境是地方本科院校永恒的课题，这种环境应当是持续的连贯的始终保持越来越好、越来越优的发展态势的，而不会因学校主要领导的更替和发展思路的调整而出现波折和变化。唯有如此，才能真正建设一支高素质的教师队伍，以师道的持续兴旺保障学校的持续发展。摆脱人治的管理模式，走上依法治校的轨道，建立全面系统稳定的教师发展的长效制度机制，是保障教师发展环境不受人事变动的影响而持续向好的唯一措施。

一、建立良性的竞争机制

竞争是促进发展的有效武器。没有竞争，就没有压力；没有压力，就没有活力。地方本科院校作为为社会提供高素质应用型人才、高质量科技成果和高水平智力服务的学术组织，竞争应当是一种常态，更是一种生态。没有竞争就没有淘汰，没有新陈代谢，就没有生命力；没有竞争就没有创新和创造，就没有进步和突破；没有竞争就没有激情和奋斗，就会使每一个老师都甘于平庸、安于平庸。竞争是事业的"酵母"，能把教师的理想抱负转化为丰硕的教学科研成果；竞争是发展的"引擎"，能在高校转型发展中形成百舸争流、千帆竞发的壮观气象。当然，这种竞争应当是良性的，是基于共同发展目标和共同价值追求的竞争，而不是巧取豪夺、明争暗斗和你死我活的恶性竞争。建立良性的竞争机制并保障其正常运行，必须做好三点。

一是有充分的竞争舞台。教师干事创业的平台就是良性竞争的舞台。不管职称高低、职务大小，每一位教师都应当有参与竞争的机会，每一个老师都有适合其专业特长和兴趣爱好的岗位，都有展示个人能力的平台，都有在各自岗位上建功立业的意愿。竞争只是手段不是目的，目的就是调动广大教师的积极性和创造性，立足本职工作创造佳绩、创出特色，做到人无我有、人有我优、人优我特，才有实现真正有价值、有意义的竞争。通过竞争实现人员与岗位的最佳搭配。

二是有公正的竞争规则。规则公正才能保障结果公正。没有公正的规则，就没有公正的竞争，就容易使竞争滑入恶性循环的轨道，成为教师发展的噩梦和师资队伍建设的魔咒。应当防止权力介入竞争，权力的特性就是扩张，要避免权力的触角伸向校园的每个角落，要斩断权力伸向竞争的触手，避免因权力的影响导致竞争天平的倾斜。应当防止权威介入竞争。在学术上，权威并不代表真理和正确，维护权威往往是以损害公正为代价的。应当防止个人情感的介入，个人的亲疏好恶常常能让结果违背客观事实。制定科学公正的评价标准，用事实说话，用效果说话，用师生和社会的公认度说话，才能保证竞争的公平公正。

三是有合理的竞争回报。有竞争就必须有奖罚，有奖罚才能鼓励先进、鞭策后进。要打造教师竞赛成果的展示平台，防止将这些成果藏在荣誉证书上，锁在功劳簿里，通过灵活多样的形式，使有才华、有成果、有作为的教师成为受学校和社会尊敬赞颂的对象。要让竞争成果惠及社会，转化为服务当地经济社会发展的生产力，为教师个人发展带来新机遇。要根据竞争结果的价值和影响给予物质上的奖励，拉开优劣之间的收入差距，形成后进赶先进、先进帮后进的良性有序的竞争局面。

二、健全权益保障机制

教师，虽然是一个高智商高知识的集合体，但在各种社会组织中仍然属于弱势群体，他们的合法权益受到侵害的事件并非个案。教师的权益在学校里经常面临行政权力侵蚀的威胁，行政组织凌驾于学术组织之上，教师的学术自由权和学校公共事务的知情权得不到有效保障。作为个体的老师其权益更容易受到校内校外乃至学生和学生家长的侵害。从很多个例看，这种侵害不仅限于财产损失，还有人格受到侮辱、尊严受到践踏的情况发生。地方本科院校应当健全教师权益保障机制，依法保护教师的合法权益，让教师有尊严、有体面、有成就地工作、学习和生活。

一是提升教师的维权意识。结合依法治校方略的深入实施，加大地方本科院校的普法宣传力度，提升教师的法制意识，增强教师的法律常识，充分认知《高等教育法》《教师法》等法律法规赋予教师的合法权益，遇到人身权益受到侵害的情况时，不是托人情找关系，不是以牙还牙、以恶惩恶，也不是一味忍让和息事宁人，而是善于和敢于运用法律武器伸张正义，维护法律的权威，维护个人的正当利益。学校应当开展经常性法律知识讲座，指导和帮助教师进行法律维权，为法制宣传和法律维权创造良好的现实条件，提升老师的维权意识和法治信念。[①]

---

① 王芳. 高校教师发展与教学改革研究［M］. 长春：吉林教育出版社，2020.

二是完善教师的维权机制。地方本科院校应当从完善管理体制入手，摆正学术权力与行政权力的关系，防范行政权对学术权的不当干预，既不使学术事务行政化，也避免行政权力学术化。通过确立和明晰学术权力的外延和内涵来保障教师群体的学术权益。完善教师维权申诉和处理机制，对发生在校内的侵权行为要坚持以事实为依据，以法律为准绳，排除各种干扰，严肃处理。对校外发生的针对教师的侵权行为，要组织专业的法律团队依法依规依程序进行维权，决不能让教师流汗又流泪。

三是强化工会和教代会的维权职能。工会和教代会是地方本科院校的群众组织，要充分发挥其在维护教师权益上重要职能作用。既要防范和避免高校群众组织沦为行政的附庸，也要防止和杜绝高校群众组织娱乐化和福利化。高校工会和教代会应当转变观念，把自身作为教师利益的代表，保持相对的独立性，把工作重心转移到维护教师权益上来，建立健全以保障教师正当权益为出发点的工作机制，真正成为广大教师合法权益的代言人。学校教代会要认真审核学校拟出台的相关政策规定，保障教师的合法权益不受损害。学校工会要加强劳动合同管理，及时调解与教师相关的各种劳动用工纠纷，切实维护教师利益。

三、完善监督落实机制

任何权益的获得都不是他人的赠予，必须通过不懈的努力才能争取得来。优化教师发展环境，老师不应当成为被动的享受者，而应当通过实施主动监督来争取和确保自身发展环境的优化。教师作为地方本科院校的主要群体，具有法定的监督高校重大决策部署、确保学校的各项政策措施落到实处的权利和义务。通过行使相应的权利和义务，切实推进学校各项工作的落实，发挥教师队伍投身学校建设、支持学校发展的积极性和主动性。地方本科院校应当不断建立健全教师实施监督的机制，为教师实行全方位全过程监督提供条件和便利。

一是监督政策措施的出台是否有利于教师发展。在学校充分赋予教师知情权的前提下，教师应当依据国家的相关文件精神对学校的政策条款进行审核监督，凡是不利于教师专业发展、生活幸福的内容，都必须提出建设性的修改意见和建议，及时沟通协商，让学校的任何一项政策措施都能够符合学校工作实际，符合教师的集体利益，从而使每一项政策措施都成为优化教师发展环境的"利器"，而不是损害教师发展环境的"凶器"。

二是监督优化教师发展政策措施的落实。由于多方面的原因，地方本科院校的很多制度并不都能完全落实到位。特别是在行政化色彩比较重的高校，有关改善教师发展环境、提高教师经济待遇、提升学术科研地位的政策文件，落实难度更大，在落实时也会大打折扣，或者在落实过程中变形走样。抓好政策措施的督促落实，既是保护教师的权益，也是维护学校的权威。学校要加大政务公开力度，进一步提高学校管理的透明度和民主化，完善政务监督机制，涉及教师切身利益的焦点、热点、难点问题，要及时、如实地予以公布，为教师全面了解学校政策落实情况提供真实材料和数据。[①]

三是监督各种监督结果的运用。完善监督机制，实施监督活动，目的全在于改正学校管理工作中存在的影响或破坏教师发展环境的问题和弊端，其落脚点在于监督结果的运用。对监督发现的问题，一方面应当及时予以纠正，特别是事关财务分配、职称评审、课题申报等方面的问题，应当态度鲜明、措施过硬、立行立改，不能有半点的含糊和拖沓。另一方面应当采取问题倒查机制，加强制度建设，弥补政策漏洞。同时对在政策落实过程中不作为或乱作为的人和事，依法依纪依规严肃处理。教师作为相关合法权益的主体，要行使自身的监督权力，跟踪监督结果运用的全过程，确保问题得到解决。

四、落实参与管理机制

在高校管理中，管理者不能将被管理者当成执行制度的工具，而是要确立被管理者的主体地位，坚持人格平等、互相尊重，通过平等对话、交流沟通达到管理目标。要鼓励教师参与学校管理并为他们参与管理提供相应的途径和手段，是实现高校民主管理、维护教师权益的基本前提。

一是激发广大教师参与学校管理的主动性。有相当一部分地方本科院校的教师埋头于教学科研，参与学校管理的政治意识不强，这是制约学校实施民主管理的最大因素。学校一方面要加强教师队伍的思想政治教育，增强教师的主人翁意识，树立人人都是学校主人、个个都是学校形象的责任意识，让广大教师在骨子里认同校兴我荣、校衰我耻的思想，强化教师参与高校管理的心理认同基础，调动他们参政议政的热情和主动性。另一方面要重视和加强教师的政治理论培训，结合"两学一做"专题教育活动，切实提高教师队伍政治素质，增强他们参与学校管理的能力水平，设身处地从学校发展大局出发，提出务实管用的对策建议。

二是明确教师参与学校管理的重点。从总体上看，老师有可能而且有必要对学校各个方面的管理提出意见和建议。但要特别突出教师参与学校管理的两个重要切入点。一个是参与学校的重大决策管理。高校重要决策的过程，应当是把握学校大局、回应教师需求、吸纳教师智慧的过程。教师参与管理，主要包括学校办学方针制定，教学科研等学术问题，组织人事及财务后勤管理等，如果这方面的决策能够深深地烙上教师合理化建议的印记，就能够更好地调动老师贯彻执行学校方针政策的自觉性。另一个是参与学校的学术管理。地方本科院校需要自由的学术氛围，更需要规范的学术管理。教师是学校从事学术研究的主体，对学术建设和管理最有发言权。地方本科院校

---

① 林杰. 大学教师发展的理论与实践［M］. 北京：人民出版社，2020.

要积极创造条件，重点引导教师有效地参与到学术管理上来，学术成果的评价标准请教师提建议，学术成果的评价认定请教师当评委，学术成果的效益让教师共分享。①

三是完善教师参与管理的机制和平台。教师参与学校管理是地方本科院校实施民主管理的重要内涵，应当通过有效措施确保这种管理正常化、规范化和制度化。一是加强教师参与管理的制度机制建设。把教师参与学校管理纳入学校《大学章程》的重要内容予以明确和规范，学校重要决策出台之前应当广泛征求教师意见，充分采纳其意见和诉求；凡涉及学校全局和教师切身利益的议题必须经过教代会表决通过；学校的一些重要会议如校长办公会、学校党委会、职改工作会议以及学术委员会会议都应当请教师代表列席或旁听。二是扩大教师参与管理的平台和方式，开通教师向学校提出意见建议和正当诉求的校长信箱和微信平台，安排专人负责邮箱和微信平台的信息管理、整理和处理，及时报学校领导和相关部门研究落实。确立由学校领导和部门负责人共同参加的老师信访接待制度，面对面地倾听老师的意见和诉求。学校领导和重要职能部门负责人的电话要向全校教师公开，随时接听教师的电话建议和政策咨询，以谦虚诚恳的态度密切与教师队伍的联系。

优化教师发展环境事关教师发展，事关地方高校转型升级，事关国家发展人才培养，牢固确立教师的主导地位，着力优化教师发展的教学环境、科研环境、合作环境、人文环境和生活环境，建立维护教师发展的良性竞争机制、权益保障机制、监督落实机制和参与管理机制，大有可为，也应该有所作为。期待地方高校有更好的教师发展环境，涌现出更多的学术大师，培养出更多的时代骄子。

---

① 蔡蔚. 应用型高校国际化探索与实践［M］. 延吉：延边大学出版社，2020.

参考文献

[1] 余绍黔. 服务外包校企合作对高校教师队伍建设的影响因素及对策研究 ［M］. 西安：西安交通大学出版社，2018.

[2] 罗艳. 激励机制在高校教师队伍建设中的作用研究 ［M］. 西安：西安交通大学出版社，2018.

[3] 韩晓强. 高校思想政治理论课青年教师队伍建设的思考与对策研究 ［M］. 长春：吉林教育出版社，2018.

[4] 郑山明. 地方本科院校教师队伍建设研究 ［M］. 北京：光明日报出版社，2018.

[5] 朱宛霞. 地方高校转型发展与教师角色认同的探索 ［M］. 北京：中国商务出版社，2018.

[6] 徐杰. 高校党的建设与思想政治工作研究 ［M］. 北京：知识产权出版社，2018.

[7] 曹鸿飞. 地方本科高校转型重塑的路径选择 ［M］. 天津：天津科学技术出版社，2018.

[8] 孙支南，黄伟群. 高校基层党支部工作指南 ［M］. 广州：广东高等上海教育出版社，2018.

[9] 史仁民. 高校辅导员专业发展论 ［M］. 北京：中央编译出版社，2018.

[10] 奚冬梅，胡飒. 高校思想政治教育教学与实践研究 ［M］. 北京：光明日报出版社，2018.

[11] 孙增武，王小红，李波. 新时期高校辅导员工作的理论与实践研究 ［M］. 长春：吉林大学出版社，2018.

[12] 许辉，于兴业. 自我视域下高校辅导员的发展研究 ［M］. 北京：知识产权出版社，2018.

[13] 刘印房. 地方本科高校校企协同创新机制构建研究 ［M］. 北京：科学技术文献出版社，2018.

[14] 李丽娟，张立谱. 基于"互联网＋"的高校人才培养实践研究 ［M］. 沈阳：辽宁大学出版社，2018.

[15] 曹喜平，刘建军. 高等教育视域下高校人力资源管理研究 ［M］. 石家庄：河北人民出版社，2018.

[16] 田莉，余呈先. 市场营销特色专业建设研究 ［M］. 合肥：中国科学技术大学出版社，2018.

[17] 代祖良. 创新校园文化的途径与方法 ［M］. 北京：光明日报出版社，2018.

[18] 王官成，苟建明. 高职院校文化育人的创新与实践 ［M］. 北京：光明日报出版社，2018.

[19] 杨冰. 城市型应用型大学创新创业人才教育教学改革与创新 ［M］. 北京：知识产权出版社，2018.

[20] 张红. 当代中国马克思主义大众化的实现路径研究 ［M］. 南宁：广西人民出版社，2018.

[21] 任彦. 应用型本科高校教师人才队伍建设 ［M］. 延吉：延边大学出版社，2019.

[22] 褚瑞莉. 激励理论视域下高校师资队伍构建研究 ［M］. 北京：九州出版社，2019.

[23] 缪子梅. 高校思想政治理论课教师教学能力发展研究 ［M］. 镇江：江苏大学出版社，2019.

[24] 邹泉. 高校思想政治工作中的心理教育机制的构建研究 ［M］. 沈阳：辽宁大学出版社，2019.

［25］卢虹. 应用型教师发展研究［M］. 上海：同济大学出版社，2019.

［26］梁韵妍. 创新创业教育背景下"双师型"教师胜任力模型研究与构建［M］. 北京：航空工业出版社，2019.

［27］刘子瑜. 高校与学科发展中的教育与培养［M］. 北京：中国农业大学出版社，2019.

［28］郭庆义. 新建民族本科院校学科建设探析［M］. 成都：西南交通大学出版社，2019.

［29］叶向红. 绿色教育理念下学校文化建设的思与行［M］. 北京：知识产权出版社，2019.

［30］吴春莺. 新时代高校思想政治理论课教师队伍建设研究［M］. 南京：江苏人民出版社，2020.

［31］李臻. 新时代高校教师胜任力研究 新时代高校教师师德师能双提升发展机制研究［M］. 北京：旅游教育出版社，2020.

［32］陈妙娜，吴婷，陈景阳. 民办高校人力资源管理发展研究与实践［M］. 北京：企业管理出版社，2020.

［33］程敬恭. 高校教师培养研究［M］. 太原：山西人民出版社，2020.

［34］王芳. 高校教师发展与教学改革研究［M］. 长春：吉林教育出版社，2020.

［35］林杰. 大学教师发展的理论与实践［M］. 北京：人民出版社，2020.

［36］蔡蔚. 应用型高校国际化探索与实践［M］. 延吉：延边大学出版社，2020.